C·H·Beck
PAPERBACK

Ein südfranzösischer Landpfarrer macht am Ende des 19. Jahrhunderts in der Kirche von Rennes-le-Château eine ungeheure Entdeckung. Von einem Tag auf den anderen ist er reich und lässt die kleine Kirche aufwendig umbauen. Was hat er in dem hohlen Pfeiler gefunden? Ein Manuskript mit geheimen Offenbarungen? Oder gar den Schatz der Templer?

Das Geheimnis von Rennes-le-Château hat zu einem der populärsten modernen Mythen geführt, der Autoren wie Umberto Eco und Dan Brown inspiriert hat. Dieser Mythos zieht eine Linie von den geheimen Nachkommen Jesu über die Dynastie der Merowinger, die Katharer, die Templer und die Rosenkreuzer bis hin zu der 1956 gegründeten «Bruderschaft vom Berg Zion». Wie kam es zu diesem Mythos? Auf welche historischen Indizien stützen sich seine Verfechter? Und was hat es mit den Templern, Rosenkreuzern und anderen Geheimgesellschaften in Wirklichkeit auf sich? Diesen Fragen geht Alexandre Adler auf ebenso kurzweilige wie informative Weise nach.

Alexandre Adler, geb. 1950, Historiker und Publizist, ist Mitherausgeber des «Figaro» und schreibt für verschiedene große Zeitungen. 2003 wurde er mit dem «Prix du livre politique» ausgezeichnet.

Alexandre Adler

Das Geheimnis der Templer

Von Leonardo da Vinci bis Rennes-le-Château

Aus dem Französischen
von Holger Fock und Sabine Müller

C.H.Beck

Titel der französischen Originalausgabe:
«Sociétés secrètes. De Léonard de Vinci à Rennes-le-Château»

Um dieses Buch zu schreiben, hat Alexandre Adler in großem Umfang auf die von ihm für France Culture produzierte Fernsehserie zurückgegriffen, die vom 28.8. bis 22.9.2006 mit dem Titel «Histoire de … *Da Vinci Code*» ausgestrahlt wurde.

Ouvrage publié avec le concours du Ministère français chargé de la culture – Centre National du Livre
Gefördert durch das französische Kulturministerium – Centre National du Livre

Dieses Buch erschien zuerst 2009 in gebundener Form im Verlag C.H.Beck.

Mit einer Karte

1. Auflage in C.H.Beck Paperback 2015

Für die deutsche Ausgabe:

Gesetzt aus der Palatino und der Clairvaux mit Schmuckinitialen «Spain, 16th c.» bei Fotosatz Amann, Memmingen
Druck u. Bindung: Druckerei C.H. Beck, Nördlingen
Umschlaggestaltung: Geviert, Grafik & Typografie, Conny Hepting
Motive: Shutterstock
Printed in Germany
ISBN 978 3 406 67535 5

www.beck.de

Allen Freunden und Wahrheitssuchenden,
die ausgezogen sind, den Grünen Löwen zu jagen,
und am Ende den Roten Löwen finden. *

* *Mit dem «Grünen Löwen» wird in der Alchemie die «prima materia» bezeichnet, aus der nach der Wandlung der Stein der Weisen, der «Rote Löwe», hervorgeht. (Anm. d. Ü.)*

Inhalt

Sakrileg: eine alchemistische Reaktion

Sakrileg von Dan Brown, im Original unter dem Titel *The Da Vinci Code* erschienen, war ein Welterfolg. Ein großes Publikum hat sich um diese Kriminalgeschichte gerissen, die mit historischen Enthüllungen aufwartet, denen zahlreiche Leser Glauben schenken. Mehr noch als zu einem literarischen ist *Sakrileg* dadurch zu einem gesellschaftlichen Ereignis geworden, ja zu einem historischen Phänomen.

Plötzlich hat sich ein beachtlicher Teil der Weltbevölkerung für einen Roman begeistert, dessen Handlung ziemlich anspruchslos ist. Es geht um die Aufklärung des Mordes am Direktor des Louvre. Das Opfer der Bluttat wurde in einer sonderbaren, noch im Todeskampf bewusst gewählten Körperhaltung aufgefunden. Zur Aufklärung des Rätsels verhört die Polizei einen Freund des Ermordeten, einen amerikanischen Gelehrten und Fachmann für religiöse Symbolik, mit dem der

Museumsleiter für den nächsten Tag verabredet war. Dem Gelehrten gelingt es, eine Reihe von Symbolen zu entschlüsseln, die das Opfer hinterlassen hat. Bei den Ermittlungen lernt er die Enkelin des Ermordeten kennen, eine Agentin aus der Dechiffrierabteilung des französischen Geheimdienstes, die auf Kunstdiebstähle und das Entziffern verschlüsselter Botschaften spezialisiert ist.

Auf die Wahrscheinlichkeit der Handlung kommt es nicht an. Die junge Polizistin und der Gelehrte, die sich in einander verlieben, machen sich sogleich daran, die Bedeutung der symbolischen Inszenierung des Ermordeten zu erforschen: Sie weist auf einen verborgenen Schatz hin. Von nun an hat man es mit einer Erzählung im Stil von Lewis Carroll zu tun. Der Leser geht gleichsam durch einen unsichtbaren Vorhang, hinter dem sich eine Welt voller Geheimnisse auftut.

Die Spurensuche der beiden Ermittler endet in einem normannischen Schloss, in dem ein alter Sonderling, ein Engländer namens Leigh Teabing, herrscht. Bei dem Namen handelt es sich um eine bizarre Verschmelzung der Nachnamen dreier Autoren, Baigent, Leigh und Lincoln, die lange vor *Sakrileg* bereits einen Bestseller mit ähnlichen Enthüllungen veröffentlicht hatten. Leigh Teabing erklärt unseren beiden Ermittlern, der Schlüssel zu dem Verbrechen sei bei einer Geheimgesellschaft zu suchen, der Prieuré de Sion, in Deutschland irreführend auch als Bruderschaft vom Berg Zion bekannt, die ein erschütterndes Geheimnis über die Nachkommenschaft von Jesus bewahre.

Jesus sei nämlich kein Junggeselle gewesen, wie es in den Evangelien heißt, sondern ein Kind seiner Zeit und ein gläubiger Jude, für den die Ehe oberste Pflicht gewesen sei. Seine Frau soll Maria Magdalena gewesen sein. Deshalb habe sich die Kirche später so viel Mühe gegeben, sie als Prostituierte zu diffamieren – ein Standpunkt, den die offizielle katholische Theologie heute nicht mehr einnimmt.

Am Ende von Dan Browns Roman erfahren wir, dass der letzte direkte Nachkomme von Jesus niemand anderes ist als die junge Agentin, die nach dem zufälligen oder gewaltsamen Tod ihrer Eltern von jener geheimnisvollen Gesellschaft beschützt wurde. Die Prieuré de Sion sei bis zum heutigen Tag aktiv, im Zentrum ihres symbolischen Wirkens stehe die Kapelle von Rosslyn unweit der schottischen Stadt Edinburgh. Rosslyn soll die Schaltstelle gewesen sein, an der sich die Erben des mittelalterlichen Templerordens und der Rosenkreuzer aus der Renaissance zusammengefunden hätten, um dieses Geheimnis zu hüten, weiterzugeben und dafür zu sorgen, dass Europa und die Welt eines Tages von einem echten Nachkommen Christi regiert werde. Diesem Anliegen habe sich die Prieuré de Sion kraft einer höheren Überzeugung und des Glaubens an das Übernatürliche verschrieben, die sich im Roman sowohl gegenüber den materiellen Interessen eines Leigh Teabing durchsetzen, der trotz gegenteiliger Beteuerungen das versteckte Gold der Bruderschaft sucht, als auch gegenüber den geistlichen Interessen des Opus Dei, das damit als verbrecherische Verschwörung angeprangert wird.

Der Roman enthält natürlich Fantasiegeschichten, die den sachkundigen Leser schmunzeln lassen oder empören. Kritiker des Romans weisen darauf hin, dass in ihm keine einzige Einbahnstraße von Paris in die richtige Richtung gehe, dass die angegebenen Fahrzeiten keinesfalls stimmen könnten. Diese Irrtümer verraten die Eile und die Unsicherheit des Autors. Er hat sich weder mit der Topographie von Paris beschäftigt noch mit den Fahrplänen im Schienenverkehr. Ebenso wenig hat er zwischen den Hirngespinsten und den Erfindungen einer Reihe von Vielschreibern einerseits und den wirklich verstörenden Aspekten dieser Geschichte andererseits unterschieden.

Wenn ein solches Buch allerdings eine so große Resonanz beim Publikum findet, liegt die Ursache dafür in Kräften, die sowohl im Unterbewussten des einzelnen Lesers wirken als auch im kollektiven Unterbewusstsein des Abendlands.

Ich sehe in diesem Erfolg ein starkes kollektives Bedürfnis. Europa, das Abendland – heute laizistisch, aber von der christlichen Kultur geprägt – versucht, die bisweilen aller Vernunft widersprechenden Erzählungen der Evangelien und die herausragende Gestalt Jesu, der die Unstimmigkeit der Texte nichts anhaben kann, unter einen Hut zu bekommen und zwischen der tradierten und der historischen Wirklichkeit zu vermitteln, die man heute dank Philologie und Archäologie immer besser versteht.

Dazu kommt die wachsende Erkenntnis, dass viele Darstellungen der Kulturgeschichte – besonders des Mittelalters und der Renaissance – unbefriedigend sind. Seit zwei Jahrhunderten beschäftigen die Rätsel, um die *Sakrileg* kreist, nun schon große Denker. Kein Wunder, dass eines Tages ein auf Enthüllungsgeschichten spezialisierter Romanautor – wie vor ihm in Frankreich bereits Gérard de Nerval, Maurice Barrès, Maurice Leblanc oder Jules Verne –, der aus Amerika die Fertigkeit zur Produktion von Thrillern mitbringt, eine «alchemistische Reaktion» verursacht, die über ihn hinausweist.

Denn Dan Brown war beileibe nicht der erste, der sich mit diesem Gegenstand beschäftigte. Seit den achtziger Jahren des vergangenen Jahrhunderts schwappte eine von Beginn an okkultistische Mode über ein kleines Dorf im südfranzösischen Département Aude: Der Schlüssel zu einem der größten Rätsel der europäischen Geschichte schien in Rennes-le-Château zu liegen.

Der erste Bestseller, der diese Geschichte enthüllte, *The Holy Blood and the Holy Grail*, stammte aus der Feder von drei Angelsachsen: Michael Baigent, Richard Leigh und Henry Lincoln. Sie haben es sich übrigens nicht nehmen lassen, gegen Dan Brown einen Plagiatsprozess zu führen, den letzterer gewann. Sie waren Mitte der sechziger Jahre bei Recherchen für eine beliebte Sendereihe der BBC eher zufällig auf dieses Thema gestoßen. Die Berichte einiger Zeitzeugen brachten sie auf die Spur des großen Geheimnisses. Ihre Hauptquelle scheint jedoch ein anglikanischer Kanoniker aus Oxford gewesen zu sein, Reverend Bartlett, der von seinem Vorgänger, dem Kanoniker Lilley, einige rätselhafte Einzelheiten der Geschichte von Rennes-le-Château erfahren hatte.

Daraufhin setzten sich die drei Journalisten mit dem französischen Schriftsteller Gérard de Sède in Verbindung, der bereits vor ihnen in dieser Richtung recherchiert hatte. Sie gewannen ihn für die Zusammenarbeit, stellten gemeinsam Material zusammen, recherchierten, machten Interviews und drehten kurze Zeit später eine Dokumentation über ihre Nachforschungen. Sie wurde einer der größten Publikumserfolge der BBC. Die Zuschauer des britischen Senders begeisterten sich für die Geschichte von Rennes-le-Château mit ihren nebulösen Umständen und den knarrenden Türen, hinter denen sich Abgründe auftun.

Das Buch zur Sendung, *The Holy Blood and the Holy Grail*, war ebenfalls ein Bestseller und wurde in viele Sprachen übersetzt; 1984 erschien es unter dem Titel *Der Heilige Gral und seine Erben* in deutscher Übersetzung. Auch in Frankreich fand es ein großes Publikum, ohne dass die seriösen Zeitungen von ihm Notiz genommen hätten. Ein zweiter Band ließ nicht lange auf sich warten, doch er war so zusammenhanglos, dass er seine Leser eher enttäuschte. Diese Veröffentlichungen verhalfen dem Tourismus in den Corbières zu einem erstaunlichen Aufschwung. Seit Anfang der achtziger Jahre reisen von Juni bis September ganze Karawanen von Engländern oder englischsprachigen Touristen an, um sich mit eigenen Augen davon zu überzeugen, dass das Dorf Rennes-le-Château tatsächlich existiert und mit ihm das merkwürdige Wohngebäude, das Abbé Saunière Anfang des 20. Jahrhunderts über dem Dorf errichten ließ, dass es die restaurierte, ganz und gar unwirklich anmutende Kapelle tatsächlich gibt und dass dieser atemberaubend schöne Landstrich bedeutende, große Geheimnisse birgt.

Zuvor hatten bereits einige auf Okkultismus, Esoterik oder mysteriöse Geschichten spezialisierte französische Autoren die Geschichte aufgegriffen. Verfolgt man diese Spur zurück, landet man in den frühen sechziger Jahren, als zum ersten Mal der Name einer Bruderschaft auftauchte, die sich Prieuré de Sion nannte und die sogar ihre Statuten auf der Unterpräfektur von Saint-Julien-en-Genevois in der Nähe von Genf hinterlegt hatte. Nach Angaben ihrer Gründer existierte sie schon seit einer Ewigkeit als esoterische Vereinigung. Die außergewöhnliche Szenerie, die man in der Kirche von Rennes-le-Château vorfindet, wie auch die Abgründe im Leben des Pfarrers Bérenger Saunière, der am 22. Januar 1917 gestorben war – was angesichts der Bedeutung, die dieses Datum in der Mythologie von Rennes-le-Château habe, kaum Zufall sein könne –, soll sich allein durch das Vorhandensein dieser Prieuré de Sion erklären.

Das Terrain war also lange vor Dan Brown sondiert worden, und zwar durch englische und französische Publikationen, die ihm an Kenntnisreichtum und Ernsthaftigkeit häufig überlegen waren.

In England, wo heute in der Öffentlichkeit eher eine

respektlose und skeptische Geisteshaltung herrscht, scheut man sich nicht, diese Quellen zu benutzen, um die von der Kirche offenbarten Glaubenswahrheiten in Frage zu stellen. In Frankreich dagegen, wo der Katholizismus nach wie vor eine geistige Macht darstellt, erinnert man lieber an einige der großen Rätsel der französischen Geschichte und an die Geheimnisse, die sich um sie ranken, angefangen bei Jeanne d'Arc bis hin zur Eisernen Maske. Auch die im Mittelalter tobenden Auseinandersetzungen zwischen den Templern und der französischen Monarchie wurden mystifiziert, was dem historischen Roman *Die unseligen Könige*, den wir dem Erzähltalent von Maurice Druon verdanken, zu seinem großen Erfolg verholfen hat.

Der Weg zu einem literarischen Knüller war also auf die eine oder andere Weise geebnet, der Stoff war da, und beim Publikum der Wille, mehr darüber zu erfahren.

Ausgangspunkt der Geschichte, denn einen Anfang muss sie ja haben, mag er auch noch so schwer zu finden sein, ist ein Landpfarrer namens Bérenger Saunière. Ein intelligenter Mann, der am Priesterseminar von Narbonne studiert hat. Er stammt aus einer Bauernfamilie im Razès, einer Gegend südlich von Carcassonne am Oberlauf des Aude. Sein älterer Bruder war ebenfalls Priester und Hauslehrer bei einer der großen Adelsfamilien in der Region. Bérenger Saunière wurde noch als junger Mann in die kleine Pfarrgemeinde Rennes-le-Château berufen, die in einem abgelegenen Winkel der Corbières über dem Tal des Aude liegt. Die Bauern dort waren arm. Sie lebten, wie damals üblich, von ein wenig Weinbau und Mischkultur. Der Priester Bérenger Saunière war nicht besser dran, und wie seine Rechnungsbücher belegen, hatte er häufig alle Mühe, über die Runden zu kommen.

Dann änderte sich alles. Bérenger Saunière, der schon früh ein archäologisches Interesse für das Dorf Rennes-le-Château zeigte, begann mit Ausgrabungen. Den Anstoß dazu gab ein Pfarrkollege aus dem Nachbarort Rennes-les-Bains unterhalb von Rennes-le-Château, der ihn offenbar in einige Geheimnisse der Region eingeweiht hatte. Eines Tages entdeckte Saunière Handschriften, die angeblich in einem hohlen Pfeiler seiner Kirche versteckt waren. Damit ging die ganze Geschichte los.

Saunière begab sich mit diesen Handschriften nach Paris, um sie von bekannten Kirchengelehrten begutachten zu lassen. Diese standen allerdings mit wenig orthodoxen Strömungen der katholischen Kirche in Verbindung, denn sie gehörten zu jenen in der Belle Époque so zahlreichen esoterischen Kreisen, die ihren besonderen Reiz ausmachen und eine der verborgenen Seiten dieser dem Anschein nach rationalistischen Zeit darstellen.

Mit den Gutachten in der Tasche kehrte Saunière in sein Dorf zurück. Nun begann in Rennes-le-Château eine Zeit von nie dagewesenem Wohlstand, die einherging mit dem Besuch berühmter Persönlichkeiten und Neugieriger unterschiedlichster Provenienz. Stammgäste im Dorf waren unter anderem ein für Kunst zuständiger Unterstaatssekretär, der linksliberale Abgeordnete des Departements und Freimaurer erster Ordnung Dujardin-Beaumetz sowie die berühmte Sängerin Emma Calvé, die dem Priester zärtlich zugeneigt war.

Rennes-le-Château veränderte sich, denn Bérenger Saunière ließ an der Stelle des bescheidenen Pfarrhauses, das er bis dahin bewohnt hatte, eine stattliche Villa bauen. Auf wundersame Weise sanierte er die Kirche und fügte ihr den geheimnisvollen, nach Maria Magdalena benannten Magdala-Turm hinzu, der über das Dorf zu den Ausläufern der Pyrenäen blickt. Unter diesem Magdala-Turm verläuft eine Art Kellergeschoss aus mehreren aufeinanderfolgenden Sälen. Alles ist noch heute zu besichtigen und vermittelt den Eindruck, als wäre die Anlage nach einem bestimmten, mystischen Plan errichtet, als hätten hier auch Initiationsriten oder spiritistische Sitzungen stattgefunden. Man steht vor einer muffigen Szenerie, zu der das surreale Dekor der ursprünglich merowingischen Kirche das seine beiträgt. In der Vorhalle findet sich zudem das riesige Bild eines Teufels mit verzerrten Gesichtszügen, der einen erschaudern lässt wie in einem Horrorfilm. (Entsprechend trägt er die lateinische Inschrift «terribilis est locus iste», «dieser Ort ist furchtbar», oder genauer «dieser Ort flößt Angst und Schrecken ein».) Im offenbar aus der klassizistischen Epoche stammenden Kreuzgang der Kirche stößt man auf eine Reihe von unorthodoxen Personenskulpturen, zu der auch ein junger Schotte in der Kluft seines Clans, wenn nicht in einem Kilt, gehört, ein augenzwinkernder Hinweis auf den Rektifizierten Schottischen Ritus * der Freimaurerei. Und auf dem Fußboden erinnert ein Schachbrettmuster in verblüffender Weise an die Bodengestaltung der Freimaurerlogen. Kurz, angesichts dieser Ausstattung hätten Kirchenvertreter Ende des 19. Jahrhunderts eigentlich die Stirn runzeln müssen …

Doch was ist das schon im Vergleich zu jener sehr materiellen Heterodoxie, die der plötzliche Reichtum bei einem mittellosen Landpfarrer bedeutete. Die Kosten der von Saunière veranlassten Bauten entsprächen heute einer Investition von mehreren Millionen Euro, was ihrem Bauherrn bei seinen Zeitgenossen den Beinamen «Priestermilliardär» einbrachte.

* *Es gibt bei den Freimaurern verschiedene «Graduierungssysteme», die nicht mit dem alten, auch in Deutschland angewandten Ritus identisch sind, dazu gehört auch der «rektifizierte» Schottische Ritus. (Anm. d. Ü.)*

Woher stammte dieses Geld? Wie kam dieser warme Segen über Bérenger Saunière? Und warum wendete sich das Blatt plötzlich vor dem Ersten Weltkrieg? Der neue Bischof, der sich auf den ebenfalls neuen Papst Pius X. berief, einen gemessen an seinem Vorgänger Leo XIII. sehr zurückhaltenden Kirchenfürsten, forderte Bérenger Saunière auf, seine Verhältnisse offen zu legen. Saunière wurde vor das Offizialgericht zitiert. Rom bestrafte ihn, beließ ihn jedoch in seinem Priesteramt. Saunière hatte mit zahllosen Schwierigkeiten zu kämpfen, doch nach der Wahl Benedikts XV. zum Papst im Jahr 1914 hatte er plötzlich wieder Geld und wendete sich neuen Vorhaben zu. Die Kostenvoranschläge waren beträchtlich, Saunières Ängste allerdings auch. Einige Monate vor seinem Tod 1917 nahm sein Wille, den Pfarrbesitz zu erweitern, solch wahnhafte Züge an, dass dieser bis heute wegen seiner Größe, aber auch wegen seiner nach wie vor geheimnisumwitterten Bestimmung beachtlich erscheint.

Der Tod durch Herzinfarkt befreite Bérenger Saunière von seinen Schimären. Die Landschaft des Razès geriet wieder in Vergessenheit und ebenso ihre Geheimnisse, die nur die treue Haushälterin des Pfarrers, Marie Dénarnaud, zu kennen schien. Die aber sprach nie oder nur in unverständlichem Gestammel darüber, und in den fünfziger Jahren nahm sie das Geheimnis des Bérenger Saunière mit ins Grab.

Das alles hätte lediglich einen anekdotischen und folkloristischen Wert, wenn sich nicht, zuerst in der näheren Umgebung, später auch darüber hinaus, die Nachricht verbreitet hätte, der wahre Schatz, den Bérenger Saunière angeblich gefunden hatte, würde noch Folgen zeitigen, die weit über die banale Hebung eines Schatzes oder die Ausgrabung von Fundstücken mit einem gewissen historischen Wert hinausreichten.

Seine gewaltigen finanziellen Mittel soll Bérenger Saunière den Pergamenten verdanken, die er in seiner Kirche in einem Rundpfeiler der Balustrade gefundenen hatte, und dem Geheimnis, in das sie ihn angeblich einweihten. Fest steht, dass Saunière nicht mit einem Mal an diesen Geldsegen gelangte, denn er bezahlte den Fortgang seiner Arbeiten, die sich über einen langen Zeitraum erstreckten, ratenweise. Irgendjemand ermunterte ihn, gab ihm Anweisungen, überzeugte ihn, das vertrackte Bilderrätsel, zu dem seine Pfarrkirche geworden war, in eine bestimmte Richtung zu treiben, mit bestimmten Dingen auszuschmücken, mit bestimmten Hinweisen zu versehen. Als hätte eine Geheimgesellschaft beabsichtigt, Bruchstücke auszustreuen, um es jedem zu ermöglichen, einen Teil des Mysteriums zu entschlüsseln ... Als dann in den fünfziger Jahren ein älterer Enthüllungsjournalist namens Noël Corbu den verlassenen Wohnsitz Bérenger Saunières erwarb, um ein Hotel-Restaurant darin zu betreiben, wurde die Geschichte zu einer Angelegenheit von öffentlichem Interesse.

Zur selben Zeit erreichte der Rummel um den «Schatz der Templer» seinen Höhepunkt, ausgelöst von einem Aufseher der Burg von Gisors in der Normandie, einem gewissen Roger Lhomoy. Der Fall Saunière zog seinerseits größere Kreise und führte zu Kontroversen in der Presse, doch dabei blieb es nicht. Gleichzeitig erhob Anfang der sechziger Jahre eine bis dahin unbekannte Vereinigung ihre Stimme, die Bruderschaft «Prieuré de Sion», und bot auf dem Markt der Enthüllungen eine Reihe teils verblüffender, teils offensichtlich versponnener Nachrichten an, die allein dadurch, wie sie abgespult wurden, Irritation und Zweifel hervorriefen. Auch diese Nachrichten werfen einige grundsätzliche Fragen auf.

Vorhang auf für den seltsamen Herrn Plantard

Der Leser wird bemerkt haben, dass es in dieser Affäre eine Vielzahl von Ungereimtheiten oder schlicht und einfach Erfindungen gibt, auf alle Fälle Stoff genug, um den gesunden Zweifel selbst sonst wenig skeptischer Menschen zu wecken. Was hat es mit dieser Geschichte von einem Landpfarrer auf sich, der unverhofft zu einem Vermögen kommt, der in ein schwieriges Verhältnis zur offiziellen Kirche gerät und ein Geheimnis zu hüten scheint, das ihm jedermann wenn nicht entreißen, so doch abkaufen will? Die Undurchsichtigkeit des Falls machte einige Nachforschungen erforderlich.

Ausgangspunkt war weniger die Frage, wer Saunière wirklich war, als die Frage nach dem Mann, der seit den sechziger Jahren für die Verbreitung seiner Geschichte sorgte, und ihre Beantwortung reichte im allgemeinen bereits aus, um die Ursprungsgeschichte in Misskredit zu bringen. Der Mann ist interessant, sein Name: Pierre Plantard. Allein nach Kenntnis seiner abenteuerlichen Biographie könnte man geneigt sein zu sagen: «In Rennes-le-Château gibt es nichts zu sehen, fahren Sie ruhig weiter!» Wer also war Pierre Plantard? Im Laufe der Affäre präsentierte sich Pierre Plantard als Abkömmling einer sehr alten Familie des Hochadels. Außerdem legte er sich ein Pseudonym zu, indem er seinen Namen *Plantard* um ein *de Saint-Clair* erweiterte, dem Homonym eines schottischen Nachnamens, der sich auf Englisch *Sinclair* schreibt. Plantard verband sich dadurch mit einer der bedeutendsten Dynastien des normannischen Adels, die unter Wilhelm dem Bastard, dem späteren Wilhelm dem Eroberer, England erobert hat. In der englischen Schreibweise wurde Saint-Clair – hergeleitet von der normannischen Stadt Saint-Clair-sur-Epte * – zum Namen einer der einflussreichsten Familien Schottlands und Englands. Diese genealogische Anbindung, die allein auf Plantards blühender Fantasie beruhte, war allerdings eine Kleinigkeit verglichen mit seinen späteren Glanztaten.

In Wirklichkeit war Plantard der Sohn eines Gastwirts und einer Haushälterin, wie man seiner Geburtsurkunde entnehmen kann, die ordnungsgemäß in Paris ausgestellt ist. Er war nie frei von Existenznöten, kämpfte immer ums finanzielle Überleben und um seine Glaubwürdigkeit, lebte in bescheidenen Verhältnissen und war mit Sicherheit mehrmals verheiratet. Das will nicht recht zu seinen Ansprüchen auf den französischen Thron passen. Der Mann hat alles von einem Hochstapler, hin und wieder sogar geniale Einfälle, und das ist einer

* *Mit dem Vertrag von Saint-Clair-sur-Epte begann 911 die Geschichte des Herzogtums Normandie. In dem Vertrag trat der westfränkische König Karl der Einfältige das Gebiet um die Seine-Mündung als Lehen an den vermutlich aus Norwegen stammenden Wikingeranführer Rollo ab. (Anm. d. Ü.)*

der Gründe, weshalb das Rätsel um ihn trotz zahlreicher erdrückender Enthüllungen über seine Person nie ganz gelöst wurde. Warum hat ein Mann mit einer solch außergewöhnlichen Begabung zur Verschleierung so verbissen daran gearbeitet, die Theorie von der Prieuré de Sion und die merkwürdige Geschichte von Rennes-le-Château in die Welt zu setzen, wo er doch in anderen, ebenso riskanten, aber finanziell aussichtsreicheren Bereichen hätte Karriere machen können?

Zudem war Pierre Plantard politisch eine zwielichtige Gestalt: Wenn bekannt wird, wo er sich überall engagiert hat, dann wird das Urteil über ihn feststehen. Denn seine kurze politische Karriere hatte Pierre Plantard bei der «Action française» von Charles Maurras begonnen, einer anfänglich katholischen, durch und durch autoritären Bewegung, die mit der Zeit immer monarchistischer und in den dreißiger Jahren auf üble Weise auch immer antisemitischer wurde. Bald schon fühlte sich der Mann, dem es zwar an Sinn für Disziplin fehlte, der aber gerne an Stelle anderer das Regiment geführt hätte, nicht mehr wohl in der «Action française», die in seinen Augen viel zu positivistisch und hierarchisch war. Er versuchte, eine Reihe von esoterisch-politischen Grüppchen auf die Beine zu stellen, die alle bei der extremen Rechten angesiedelt waren. Die bedeutendste von ihnen, «Alpha Galates», schloss sich voll und ganz dem repressiven System des Vichy-Regimes an. Plantard berief sich in dieser Zeit auf Marschall Pétain, bemühte sich aber vergeblich um finanzielle Unterstützung durch das Vichy-Regime und suchte daraufhin den direkten Kontakt mit der Gestapo, die allerdings misstrauisch blieb gegenüber einem Mann, der in ihren Augen einer der zahlreichen Mythomanen war, die das Elend der Zeit zur freiwilligen Kollaboration trieb. Nachdem die Vereinigung «Alpha Galates» mit ihren wenigen Anhängern, alle Opfer der Zungenfertigkeit Pierre Plantards, eingeschlafen war, verschwand sie, um später unter anderem Namen wieder zu erscheinen: Prieuré de Sion.

Nach der Befreiung Frankreichs gelang es Pierre Plantard einmal mehr, seine rechtsradikalen Phantomgesellschaften am Leben zu erhalten, indem er sie als Teil der Résistance ausgab. Die damaligen Geheimdienste konnten darüber nur lachen, verschwendeten aber keine Zeit auf einen so kleinen Fisch. In der Folgezeit landete Plantard jedoch einen Coup von erstaunlicher Tollkühnheit, obwohl es reiner Schwindel war: Er gab sich als einer der Organisatoren der Komitees zum Öffentlichen Wohl in Paris aus, die sich nach dem Putsch vom 13. Mai 1958 in Algerien für die Rückkehr de Gaulles an die Macht einsetzten. Pierre Plantard hatte also die Gelegenheit gewittert, die die Turbulenzen von 1958 boten, und versucht, in eine Rolle zu schlüpfen, die er freilich nie hätte ausfüllen können. Zweifellos hatte er sich einer jener kleinen Gruppen oder Aktivistenkomitees angeschlossen, die nach dem 13. Mai 1958 wie Pilze aus dem Boden schossen und bisweilen recht giftig waren, aber nach der letzten Endes friedlich und mit der offenkundigen Zustimmung der zu Ende gehenden IV. Republik erfolgten Machtübernahme schickte General de Gaulle diese Komitees umgehend wieder nach Hause.

Es war Pierre Plantards letzter Ausflug in die Politik. Bald richteten sich seine esoterisch-politischen Umtriebe auf völlig andere Ziele: Tröpfchenweise offenbarte er einem handverlesenen Personenkreis Informationen über eine Geheimorganisation von weit größerem Ausmaß als alles, was man bisher kannte, die sich Prieuré de Sion nannte und manchmal einfach mit «PS» zeichnete. Laut Plantard handelt es sich bei der Prieuré de Sion um eine Bruderschaft, die bis ins Hochmittelalter zurückreicht. Zu ihren Großmeistern gehörten demnach einige der berühmtesten Persönlichkeiten der Geschichte. Diese Bruderschaft soll seit jeher ein ebenso nebulöses wie wesentliches Ziel verfolgt haben, nämlich die moralische Erneuerung Europas. Eines ihrer äußeren Ziele war angeblich die «Einigung des Kontinents». Diese zivilisatorische Einigung sei jedoch nur denkbar, wenn sie auf eine Reihe esoterischer Offenbarungen gestützt würde, von denen die meisten Geheimgesellschaften bereits seit zwei oder drei Jahrhunderten diverse Bruchstücke preisgegeben hätten. Eine Geschichte, die zu schön ist, um wahr zu sein, der Pierre Plantard jedoch dank der Gier seiner Leser und einiger großangelegter Werbemaßnahmen eine gewisse Glaubwürdigkeit verleihen konnte.

Plantard war allerdings kein Durchschnittsmensch. Mit der Aufdeckung seiner an Verbrechen und Hochstapelei grenzenden Versuche, in der Politik Fuß zu fassen, ist das Thema Plantard nicht erledigt. Er war unbestreitbar eine komplexe Persönlichkeit. Er errichtete um Rennes-le-Château ein ideologisch wirres, aber bemerkenswertes Gerüst, das es einer Reihe ihm nahestehender Forscher und Schriftsteller ermöglichte – absichtlich oder unabsichtlich –, an einem Mythos zu stricken und aus diesem ein beinahe glaubwürdiges historisches Garn zu spinnen.

Woraus besteht dieses Gerüst? Im wesentlichen aus einigen unbemerkt in die Pflichtsammlung der französischen Nationalbibliothek eingeschleusten Broschüren, die so aufgemacht sind, als hätte sie wirklich einmal ein Verlag drucken lassen, und die mit Enthüllungen zu unbekannten oder verkannten Aspekten der französischen Geschichte aufwarten. Für die gefälschten Publikationen wurde ein für Fachleute leicht zu entschlüsselndes System der Kodierung benutzt, das den Eindruck vermittelt, die Geschichte von Rennes-le-Château sei in Wirklichkeit viel komplexer, als man meint.

Woher weiß man, dass es sich um Fälschungen handelt, die nacheinander in den Bestand der Bibliothek geschmuggelt wurden? Weil der eigentliche Urheber dieser Schliche, ein Freund und Verbündeter Plantards, der belgische Aristokrat Philippe de Chérisey, vor dem Mikrofon des ebenfalls mit ihm befreundeten Schauspielers und Humoristen Francis Blanche die Herkunft der Fälschungen aufdeckte und sich als ihr Verfasser zu erkennen gab. Freilich behaupteten daraufhin alle, die von dieser Geschichte enttäuscht wurden, Chériseys «echtes Scheingeständnis» habe lediglich dazu gedient, den Ernst seines Vorgehens zu verschleiern.

Man muss gar nicht so weit gehen, um den Dokumenten, die in der Nationalbibliothek hinterlegt wurden, sowie den Enthüllungen, die man hier und da durchsickern ließ, eine gewisse Kohärenz zu bescheinigen. Die Urheber dieser Irreführungen behaupteten, Bérenger Saunière habe ein so großes Vermögen nur erwerben können, weil er um ein Geheimnis wusste, das ungeheuer einträglich war. Bei diesem Geheimnis handle es sich um die Erbfolge der Merowinger, von denen – halten Sie sich fest! – angeblich einige der bedeutendsten französischen Familien abstammen sollen, die daher Anwärter auf den französischen Thron seien. Und an vorderster und erster Stelle in der Thronfolge steht natürlich Pierre Plantard de Saint-Clair, der sich selbst als den ältesten direkten Nachkommen Chlodwigs und der Merowinger darstellte. Wir sind noch weit entfernt von Jesus, aber diese Enthüllung sollte eine wichtige Rolle spielen.

Worum geht es? Ganz einfach: Das Herrscherhaus der Merowinger dezimierte sich in Bruderkriegen, ihr Reich verfiel in immer größere Anarchie. Bereits bei der Lektüre des entsprechenden Bands der *Histoire de France* von Michelet bekommt man das Gefühl einer zunehmend dichteren Folge von

Ereignissen, immer schwerer zu entwirrenden persönlichen Feindschaften, Morden, Gräueltaten unterschiedlichster Art, die, wie wir wissen, mit der Machtergreifung ihrer Hausmeier ein Ende fanden. Letztere waren tatsächlich so etwas wie die Ersten Minister dieses ersten Frankreich, die sich bald an die Spitze des Landes setzten und eine neue Dynastie begründeten, nämlich ihre eigene, das Haus der Karolinger, die die erste Vereinigung Westeuropas vollzog. *Exit* oder vielmehr in gutem Latein: *exeunt* die Merowinger.

Aber nein, belehren uns die Dokumente der Prieuré de Sion, die Merowinger haben diese schreckliche Situation des Niedergangs besser gemeistert, als man glaubt. Einer von ihnen, der ermordete und von der Kirche später heiliggesprochene Dagobert II., hatte angeblich einen Sohn, der in die Familie der Grafen von Razès einheiratete, in eine Adelsfamilie, die aus jener Region am Oberlauf des Aude stammte, in der Rennes-le-Château liegt. Ein Abkömmling Dagoberts habe also überlebt und die Linie der Merowinger fortgesetzt, ein direkter Nachkomme Chlodwigs, was seine Zeitgenossen nicht wahrgenommen hätten, aus dessen Geschlecht in der Folge jedoch die wichtigsten Adelsfamilien des Languedoc und des benachbarten Katalonien hervorgegangen seien.

Zwei Jahrhunderte später, mit der Entwicklung des Lehnswesens, waren dann eine Reihe von Familien vor allem im Südwesten, aber auch in anderen Regionen Frankreichs – in der Normandie, in Lothringen und in Burgund – mit jenem Erben der Merowinger verwandt, darunter Gottfried von Bouillon, der den zweiten Kreuzzug organisierte und Jerusalem eroberte. So soll es durch die Könige von Jerusalem zu einer echten dynastischen Nachfolge gekommen sein. Letztere kehrten nach dem Verlust ihrer Besitztümer im Heiligen Land ins mittelalterliche Westeuropa zurück. Einige von ihnen waren genau im Bilde über die Abstammung von denen, die man im 17. Jahrhundert «das erste Geschlecht» der Könige Frankreichs nannte, und über die Auswirkungen, die eine Offenbarung dieser Abstammung auf die legitime Thronfolge haben würde, denn sie war, verglichen mit den Karolingern oder Kapetingern – lediglich ehrgeizige Usurpatoren der Krone – viel erlauchter.

Die Familie Gottfried von Bouillons fand ihren Fortbestand im Hause Lothringen, und die Herzöge von Lothringen vereinigten sich schließlich mit der Familie der Habsburger. Seit dieser Zeit trägt das Haus Österreich den Titel Habsburg-Lothringen. Neben dieser Verbindung mit dem Hause Österreich hatten sich einige Familien mit dynastischen Ansprüchen nach den Kreuzzügen mit den Herrschern von Schottland verbunden. Das schottische Herrscherhaus der Stuarts löste die Tudors in England ab, als Elisabeth I., «die jungfräuliche Königin», die vereinigte Krone Englands und Schottlands an ihren Cousin Jakob I. Stuart vererbte, der bereits Jakob VI. von Schottland war. Die große Elisabeth hätte damit, vermutlich ohne es zu wissen, einem Abkömmling der Merowinger zum englischen Thron verholfen – zumindest wenn man den «Geheimen Akten» der Prieuré de Sion Glauben schenken will.

Die Stuarts waren zwar zwei Mal von protestantischen Revolutionen abgesetzt worden, ihre Abkömmlinge auf dem europäischen Festland aber sollen unter dem Schutz Ludwigs XIV. jene Hoffnung auf Wiedererrichtung der alten Monarchie verkörpert haben, die auch die Guisen teilten. Das Haus der Guisen wiederum war durch die Vermählung der bedauernswerten Maria von Guise mit den Stuarts verwandt. Während der Religionskriege in Frankreich waren die Guisen die Anführer der katholischen Liga und zugleich Erben des Herzogtums von Lothringen.

Im Umfeld dieser Mythologie, in der viele Elemente offensichtlich nicht zu belegen sind, tauchte die Idee eines Thronanspruchs auf, an dem über Jahrhunderte hinweg festgehalten wurde gegen alle vermeintlich zu Unrecht gekrönten Häupter in ganz Europa, vor allen Dingen aber in Frankreich, wo mit den Valois und später mit den Bourbonen direkte und indirekte Nachfolger der Kapetinger regierten. Die Familien, die deren Thronansprüche anfochten, sollen von Generation zu Generation ein Geheimnis weitergegeben und in der Umgebung von Rennes-le-Château eine Art Initiationszentrum eingerichtet haben, an dem angeblich auch jene merowingische Stammtafel aufbewahrt wurde.

Nehmen wir das berühmte Beispiel Bertrand Russells: «Der gegenwärtige König von Frankreich ist kahl.» Da es gegenwärtig keinen König von Frankreich gibt, ist es unerheblich, ob er eine Glatze hat oder nicht, groß oder klein ist, denn es ist unmöglich, ihn zu definieren. Möchte man einen Abkömmling der Merowinger heraufbeschwören, kann man in Anbetracht der verwickelten Genealogien der Feudalgeschlechter und der geringen Zahl brauchbarer schriftlicher Zeugnisse diese Abkunft jedem x-Beliebigen zusprechen.

Doch die Idee mit dieser Stammtafel begann Wurzeln zu schlagen, und wenn es schon eine Erbfolge der Merowinger und ein Komplott geben sollte, warum dann nicht gleich alle Geheimgesellschaften damit in Verbindung bringen, all die undurchsichtigen und noch immer geheimnisvollen Gruppierungen, die im 16., 17. und 18. Jahrhundert einander ablösten und die uns vielleicht noch anderes vermacht haben als die Aufrechterhaltung eines möglichen Thronanspruchs?

In dieser Hinsicht ist Pierre Plantard, der unter verschiedenen Pseudonymen mit der Verbreitung seiner historischen Thesen begann und das Gespräch mit Journalisten suchte, die seinen Enthüllungen bisweilen naiven Glauben schenkten, mit einem gewissen Talent zu Werke gegangen. Hätte es sich bloß um die pseudowissenschaftliche Aufbereitung einer der vielen Geschichten über die Rivalität zwischen Herrscherhäusern gehandelt, an denen im 17. Jahrhundert kein Mangel herrschte, wäre das Unternehmen, die Erbfolge der Merowinger zu behaupten, mit Sicherheit im Bereich «Märchen für die gebildeten Schichten» geblieben. Nein, der Geniestreich von Plantard bestand darin, die Mythologie der Merowinger mit etwas zu verbinden, wofür sich die Franzosen seit langem begeistern: mit den in ihrer Nationalgeschichte verborgenen Schätzen. Und der wichtigste, weil mit den stärksten Emotionen besetzte Schatz ist der der Templer.

Auch hier müssen wir etwas weiter ausholen. Die Templer waren jener Ritterorden aus Mönchsoldaten, vor dessen Macht die Herrscher Europas gezittert hatten und der Anfang des 14. Jahrhunderts von Philipp dem Schönen zerschlagen wurde. Einige Templer hatten jedoch Wind von den bevorstehenden Verhaftungen bekommen und waren am Tag zuvor geflohen. Als die Männer Philipps des Schönen in Paris den Hauptsitz des Templerordens stürmten, fanden sie dort weder das Gold noch die Kunstschätze oder größere Mengen von Edelmetallen, die man bislang im Besitz des Templerordens wähnte. Die Templer hatten angeblich alles in Sicherheit gebracht. Seitdem entflammt die Suche nach dem Templerschatz die Leidenschaft von Schatzgräbern.

Zu Beginn der Affäre um Rennes-le-Château entwickelte Pierre Plantard seine Thesen und schmuggelte – offenkundig mit Hilfe eines Komplizen in der Nationalbibliothek – einige gefälschte Handschriften oder Veröffentlichungen in deren Bestände ein. Zur selben Zeit begeisterte sich Frankreich für den Schatz der Templer in der Burg von Gisors.

In Gisors, einem strategischen Punkt, an dem die Normandie und die Ile-de-France zusammentreffen, hatten die Herzöge der Normandie und später die englischen Könige und ihre Erben ein Archiv angelegt, das wertvolle Pergamente und eine Reihe anderer Gegenstände enthielt, die dem Ort seine symbolische Bedeutung verliehen. Die Burg war freilich in erster Linie ein Familiensitz der Plantagenêts, der Nachfolger Wilhelms des Eroberers, die in Westfrankreich und England ein gemeinsames Herrschaftsgebiet errichtet hatten. Nach dem Aussterben dieses Herrscherhauses bildete der Kampf um sein Reich die politische und historische Ausgangslage des Hundertjährigen Kriegs.

Templer gab es auch in England, zwar nicht so zahlreich wie in Frankreich, doch die englischen und normannischen Templer scheinen ebenfalls eine bedeutende Rolle in der Geschichte des Ordens gespielt zu haben. Warum also sollte man nicht erwägen, ob Gisors an der Grenze zwischen Normandie und Ile-de-France zu Beginn des 14. Jahrhunderts eine der Zufluchtsstätten der von Philipp dem Schönen verfolgten Bruderschaft war? Dann liegt der Gedanke nicht fern, Gisors könnte auch der Aufbewahrungsort für einen Schatz gewesen sein. Das meinte jedenfalls der Wächter des improvisierten Museums von Gisors, Roger Lhomoy, der während der langen Winterabende Zeit und Mut fand, die Kellergewölbe der Burg zu erkunden und nach einer Geheimkammer zu suchen. Trotz der Einsturzgefahr hatte er die Erlaubnis erhalten, sich dort umzusehen … und tatsächlich behauptete er eines Tages, in einem der Kellergewölbe der Burg einen kurzen Moment lang zahlreiche Metalltruhen erblickt zu haben …

André Malraux, der damalige Kulturminister unter Präsident Charles de Gaulle, begeisterte sich für die Entdeckung Roger Lhomoys. Mit seiner Unterstützung setzte man sich über die Einwände der Ämter für Archäologie und Denkmalpflege hinweg und begann mit Grabungsarbeiten, doch diese erhöhten die Einsturzgefahr der Burg von Gisors, die inzwischen von zahllosen Maulwurfsgängen unterhöhlt war. Freilich wurde der Templerschatz dort nie gefunden. Trotzdem gibt es in dieser Angelegenheit einige bedenkenswerte Aspekte – nicht das Verschwinden des Schatzes, sondern vielmehr die hypothetische Verbindung zwischen Gisors einerseits und sonstigen Niederlassungen der Templer im Königreich Frankreich andererseits.

Wenn die Templer nicht überall und auf dieselbe Weise zerschlagen wurden, drängt sich die Vermutung auf, dass überlebende Teile des Ordens gewisse grundlegende, sowohl konkret materielle als auch spirituelle Traditionen bewahrt haben.

Die sagenhafte Bruderschaft Prieuré de Sion

Wir haben uns durch einen Berg mythischer Geschichten gekämpft, auf denen der gewaltige Erfolg des Romans *Sakrileg* beruht. In Frankreich wird tatsächlich seit gut vierzig Jahren über den geheimnisvollen Schatz eines Pfarrers aus dem Aude, Bérenger Saunière, debattiert, der anscheinend vor allem aus alten Handschriften bestanden hat. Einer Gruppe namens Prieuré de Sion, benannt nach dem südfranzösischen Ort Sion-les-Mines und gegründet von einem gewissen Pierre Plantard, der sich für Pierre Plantard de Saint Clair, den letzten Abkömmling der Merowinger, ausgab, gelang es, die Bedeutung dieses Schatzes hochzuspielen. Dazu fälschte man Dokumente und hinterlegte sie anschließend in der Nationalbibliothek. Um Familien aus dem Geschlecht der Merowinger wieder auf europäische Throne zu setzen, stellte man zudem gefälschte Texte mit verschlüsselten Inhalten her und konstruierte scheinbare Zusammenhänge. Und das alles soll mit der Existenz eines Schatzes verknüpft sein, dem Templerschatz.

Wir sind dem überaus mythomanischen Museumswächter der Burg von Gisors, Roger Lhomoy, begegnet, der mit seinen abenteuerlichen Grabungen Aufsehen erregte, und wissen, dass man nichts fand. Zugleich machte ein talentierter Journalist namens Gérard de Sède von sich reden, der über diese Geschichte ein Buch mit dem Titel *Die Templer sind unter uns oder Das Rätsel von Gisors* schrieb. Mit diesem Buch begann die wahre, diesmal literarische Odyssee der Prieuré de Sion mit ihren Pseudo-Enthüllungen.

Doch wer war Gérard de Sède? Wieder begegnen wir einer schillernden Gestalt, ideologisch das glatte Gegenteil von Pierre Plantard. Pierre Plantard war ein Mann aus bescheidenen Verhältnissen, der sich als Adeliger ausgab. Gérard de Sède war dagegen ein echter Kleinadeliger mit rechtmäßigen Titeln. Während der Besatzung Frankreichs gehörte er der Kommunistischen Partei und deren bewaffneter Widerstandsgruppe FTP an. Danach führte er ein etwas launiges Leben. Seinen Lebensunterhalt bestritt er mit seinem Schreibtalent als freier Journalist für verschiedene Zeitschriften, bis er durch seine Vorliebe für Esoterik eine weit einträglichere Beschäftigung fand, der er sich fortan widmete: dem Enthüllungsjournalismus mit Schwerpunkt Mittelalter. Mit der Geschichte von Gisors gelang ihm ein Bestseller.

Mehr brauchte es nicht, damit Pierre Plantard mit Gérard de Sède Kontakt aufnahm und ihn in alle Einzelheiten der Thronansprüche der merowingischen Nachkommen sowie die Bedeutung des Templerschatzes einweihte. Dieser soll sich nicht in Gisors befinden, sondern nach der Spaltung der Prieuré de Sion an einen anderen Ort gebracht worden sein. Zu dieser Spaltung sei es im 12. Jahrhundert unter der Ulme von

Gisors gekommen, einem großen Baum, unter dem die Herzöge der Normandie Recht sprachen, bevor Ludwig der Heilige auf die Idee kam, die Rechtsprechung ins Königreich Frankreich zu verlegen. Ein gutes Jahrhundert nach der Spaltung und nachdem er für kurze Zeit in der Normandie aufbewahrt worden war, sei der Templerschatz in sein letztes Versteck im Südwesten Frankreichs nach Okzitanien gebracht worden. Und diesen Schatz, um einige märchenhafte Elemente erweitert, habe Bérenger Saunière gefunden.

Mehr brauchte es nicht, damit Gérard de Sède sich für die Sache begeisterte und ein weiteres Buch schrieb, *Das Gold von Rennes,* die logische Fortsetzung seines vorausgegangenen Bestsellers. Der Verfasser hat bei den zahlreichen Auflagen, die sein Buch erreichte, mehrfach den Titel geändert. Und nur Gérard de Sède hat die Hirngespinste von Pierre Plantard in seinen Veröffentlichungen so in Szene gesetzt. Hirngespinste? Das ist die Schlüsselfrage. Dieser Meinung sind jedenfalls die meisten Fachleute, die sich mit der Affäre beschäftigt haben. Doch mit der Persönlichkeit eines Pierre Plantard einerseits, der Glaubwürdigkeit und dem Talent eines Gérard de Sède andererseits entstand ein explosives Gemisch, das sich, verglichen mit der großen Bombe von Dan Brown, zwar eher wie eine Knallbüchse ausnimmt, in dem aber trotzdem der Anfang der Legende steckt.

Gérard de Sède versah die Geschichte immer wieder mit neuen Deutungen. Dabei war er abhängig von seiner Quelle, Pierre Plantard, um immer mehr und immer genauere Einzelheiten zu enthüllen, auch wenn sie immer unglaubhafter wurden. Plantard zog noch weitere Mitstreiter hinzu, um auf diese Weise das Heft in der Hand zu behalten und die Konkurrenz zu schüren. Manche der mit ihm verbundenen Autoren trugen nach und nach zur Entschlüsselung des Geheimnisses bei.

Doch Gérard de Sède blieb durch sein Talent und seinen scheinbar rationalistischen Stil der wichtigste Autor.

Fassen wir die Theorien von Gérard de Sède zusammen. Sie sind ziemlich haarsträubend: Am Anfang hätten wir also die Suche nach der Stammlinie der Merowinger und einem verborgenen Nachkommen, Plantard, dem «sehnsüchtigen Sprössling», den das im Aussterben begriffene Herrscherhaus im Südwesten Frankreichs versteckt hat. Dieser Familienzweig habe sein Unglück einem Komplott der Kirche und der karolingischen Hausmeier zu verdanken (schon hier sticht das antiklerikale, südfranzösische Element hervor). Die Hausmeier hätten es dann geschafft, den Mantel des Schweigens über diese glanzvolle Herrscherdynastie zu breiten und ebenso über die alten Überlieferungen, die an den in Sicherheit gebrachten «Sigibert IV.» von Austrasien weitergegeben worden waren, den Sohn Dagoberts II. und späteren Graf von Razès und Seigneur von Rennes. Diese sagenhaften Überlieferungen seien das Erbe der ersten Merowinger-Könige vor Chlodwig, die sich angeblich auf eine mythische Abstammung von einer Bärengottheit berufen und ein heidnisches Wissen überliefert hätten, dessen wesentliche Inhalte zu nennen man sich noch scheue … Es will kein Licht ins Dunkel kommen.

Mit den Kreuzzügen sollen die Familien der Merowinger erneut in Erscheinung getreten sein und bei der Verteidigung des fränkischen Königreichs von Jerusalem wieder enge Beziehungen untereinander geknüpft haben. Darauf zielte Gérard de Sède ab, dessen Vorstellungen erst in seinen späteren Büchern richtig deutlich wurden. Demnach hätten diese großen Familien den Templerorden seit seiner Gründung unterwandert, jede sei auf ihre Art im Orden vertreten gewesen, so dass sich hinter dem Templerorden, den Bernhard von Clairvaux im wahrsten Sinne des Wortes dem Heiligen Stuhl abgetrotzt hatte, eine geheime Struktur verborgen habe. Diese geheime Vereinigung habe nicht nur die Macht im Orden an sich gerissen, sie soll auch seine anfängliche Bestimmung verkehrt haben, um ihn zum esoterischen Träger eines Geheimnisses zu machen.

Ihre Macht und dieses Geheimnis seien die eigentliche, weit zurückliegende Ursache für den Sturz der Templer. Als Philipp der Schöne ohne Ordination um Aufnahme in den Orden ersucht und zur Krönung seiner Machtfülle sogar das Amt des Großmeisters angestrebt hatte, war er, soviel steht fest, höflich abgewiesen worden. Daraufhin beschloss er, mit dem Papst als Verbündetem den allzu mächtigen Templerorden zu zerschlagen, der laut Plantard und Gérard de Sède außerdem einen nur allzu legitimen Thronanspruch stellen konnte, mit einer Legitimität, die insgeheim die Prieuré de Sion bewahrte. Nachdem die Muslime gegen Ende des 13. Jahrhunderts das Heilige Land zurückerobert hatten und die Templer, ihrer wichtigsten Aufgabe entledigt, nach Frankreich und ganz Westeuropa zurückgekehrt waren, wurde die mächtige Bruderschaft, die sich immer noch gerne in die große Politik einmischte, zu einer außerordentlichen Gefahr.

Darum lebe der Templerorden seit seiner augenscheinlichen Zerschlagung paradoxerweise in einer Geheimgesellschaft weiter, die bereits bei der Gründung des Ordens existiert habe, jener berühmten Prieuré de Sion, dem Vermächtnis der ursprünglich an den Kreuzzügen beteiligten Familien merowingischer Abstammung.

An diesem Punkt angekommen, erfahren wir auch, dass ihr Thronanspruch im 17. Jahrhundert seinen Höhepunkt erlebte und sich in einer Reihe von Kunstwerken ausdrückte, denen deshalb eine Schlüsselstellung zukomme. So soll das berühmte Gemälde *Die Hirten von Arkadien* von Nicolas Poussin, das im

Louvre hängt, nicht nur ein Meisterwerk der französischen Klassik sein, sondern auch ein Bilderrätsel, dem man aufschlussreiche und folgenschwere Geheimnisse entnehmen könne. Ein Brief des Abbé Louis Fouquet – seine Echtheit ist erwiesen –, den dieser aus Rom an seinen Bruder Nicolas Fouquet sandte, den Finanzminister Ludwigs XIV., und in dem die Rede ist von der Ausführung des Gemäldes und dem «mehrfachen (realen oder symbolischen?) Nutzen», den man daraus ziehen könne, soll wie ein Funke im Pulverfass gewirkt haben. Dass Fouquet in Ungnade fiel und Ludwig XIV. seinen gesamten Besitz beschlagnahmen ließ, sei nichts anderes gewesen als – halten Sie sich fest! – die Fortführung der Maßnahmen, die einst sein Ahnherr Philipp der Schöne gegen die Templer ergriffen hatte.

Nach diesem historischen Bravourstück kommt Gérard de Sède auf Bérenger Saunière zu sprechen, durch den dieses Geheimnis Ende des 19. Jahrhunderts zum dritten Mal zu Tage getreten sein soll. War die Überlieferung in der Zwischenzeit unterbrochen worden? Waren wichtige Dokumente verloren gegangen? Oder war die Unterdrückung so wirkungsvoll, dass die Prieuré de Sion gezwungenermaßen zwei Jahrhunderte lang fast nur im Untergrund wirken konnte? Um diesen Sprung von der Mitte des 17. Jahrhunderts in die Belle Époque zu rechtfertigen, mussten neue Legenden gestrickt werden. Bérenger Saunière sei es schließlich zu verdanken, dass die Familien, die nach dem Schatz suchten, seit dieser in den Wirren der Französischen Revolution verschollen war, wieder auf das verloren gegangene Geheimnis zurückgreifen konnten. Bisher sei man davon ausgegangen, dass der Schatz, durch den der seltsame Pfarrer seine Tollheiten finanziert hat, aus klingender Münze bestanden habe, neuerdings setze sich die Auffassung durch, er habe alte Dokumente enthalten. Doch ob

Gold oder Dokumente, Bérenger Saunière soll seinen Auftrag erfüllt haben und dafür belohnt worden sein.

Um das berühmte Geheimnis aber einem weit größeren Personenkreis zugänglich zu machen, habe er durch die eigenartige Ausschmückung seiner Kirche auch lesbare Zeugnisse für Neugierige und für die Nachwelt hinterlassen.

Die Legende war in die Welt gesetzt. Dieses Mal ist die Absicht zur Wiedereinsetzung der Merowinger mit Verschwörungen verbunden, in die Pierre Plantard Ende der vierziger Jahre tatsächlich verwickelt war und die man dann absichtlich aufgeblasen hat, um eine breite europäische Bewegung ins Leben zu rufen. Diese sollte durch einen mitreißenden politisch-religiösen Mythos die ursprüngliche Einheit des Kontinents wiederherstellen. Das ist der eigentliche Zweck dieser fragwürdigen Prieuré de Sion. Zwischen diesen beiden Entdeckungen lavierend, dem Schatz, den Roger Lhomoys in Gisors gesehen haben will, und dem Geheimnis Bérenger Saunières, das in Rennes-le-Château seine ursprüngliche Bedeutung wiedererlangt haben soll, will uns diese Bruderschaft noch heute mit hier und da ausgestreuten Mosaiksteinchen weismachen, dass die Geschichte der europäischen Herrscherhäuser vollständig neu zu schreiben sei.

Soweit die These von Gérard de Sède, deren extreme Schwäche offensichtlich ist. Doch zurück zu den Obsessionen Pierre Plantards. Natürlich hat Jean Monnet Europa auf seine Weise entworfen, ohne dabei die Wiedereinsetzung zweifelhafter Herrscherhäuser zu erwägen. Sollten die Merowinger etwa den Sieg über die Karolinger und ihre Enkel, die Kapetinger, davontragen? Alles in allem ist nicht auszuschließen, dass die Linie der Merowinger die Zeit überdauerte, dass Familien und Gruppen von Rittern sich auf die eine oder andere Weise mit ihr verbanden, um sie wieder an die Macht zu bringen. Einer ähnlichen Thematik begegnet man in China, wo es ein Programm zur Wiedereinsetzung der Ming-Dynastie gibt, an dem etliche der Triaden, der kriminellen Geheimbünde in China, nach wie vor ausdrücklich festhalten.

Doch es wird nicht ersichtlich, warum die Wahrheit über die Merowinger die europäische Gesellschaft von Grund auf erschüttern und unsere Weltanschauung hätte verändern sollen. Dazu hätte es sehr viel schärferer Zutaten bedurft.

Das zweite Buch von Gérard de Sède kann man getrost ad acta legen. Er lässt darin durchblicken, die Merowinger seien Abkömmlinge von Marsmenschen oder anderen Außerirdischen, und vermengt kühn Geschichten von fliegenden Untertassen mit der Rückkehr der Merowinger an die Macht, an der Pierre Plantard so viel lag.

Fasziniert von den Theorien Gérard de Sèdes und Plantards, doch zugleich verblüfft über die ungeheure Bedeutung, die man dort der Frage um die dynastische Nachfolge beimaß, griffen Leigh, Baigent und Lincoln die Sache schließlich auf und gaben der Theorie über Rennes-le-Château ihre klassische und, ich wage zu sagen, endgültige Form.

Es ist in der Tat eine Leistung von Leigh, Baigent und Lincoln, diesem Geheimnis eine neue Dimension gegeben zu haben, die es über die ursprüngliche französische Bedeutung hinaushebt; diese war irritierend aufgrund des Widerspruchs zwischen ihrem recht faszinierenden kryptischen Charakter und ihrer geringen historischen Bedeutung. Auch wenn die Geschichte der Merowinger von unseren drei Autoren in allen Einzelheiten erzählt und erweitert wird und Gérard de Sède sie noch weiter ausgemalt hat, bis hin zu den Orten, an denen sie begann, haben die Angelsachsen insgesamt einen offeneren Blick, den sie Reverend Bartlett, einem Chirurgen und querdenkerischen anglikanischen Priester aus den zwanziger Jahren, und dem Oxforder Kanoniker Lilley verdanken, die durch ihre persönlichen Kontakte zu französischen Kirchenmännern von Rennes-le-Château erfahren hatten.

Für sie ist die Merowinger-Legende lediglich eine Deckerinnerung, um den von Freud geprägten Ausdruck zu verwenden, eine Legende, die selbst nichts anderes ist als eine Schatulle, in der sich wiederum eine weitere Schatulle befindet. Die Enthüllung dieser zweiten Schatulle sei daher das Entscheidende. Durch Dan Brown, der ihr eine weltumspannende Dimension verliehen hat, ist sie heute allseits bekannt. Halten wir uns also nicht länger mit den Merowingern auf, denn hinter den Wechselfällen dieses unglückseligen Herrscherhauses steckt in Wirklichkeit die Genealogie Jesu Christi.

Diese revolutionäre Version war bereits seit einiger Zeit im Schwange. Robert Ambelain, Autor und Mitglied eines sehr kleinen Zweigs der Freimaurer, hatte vor Gérard de Sède ein Werk mit dem Titel *Jésus ou le mortel secret des Templiers* («Jesus oder das tödliche Geheimnis der Templer») veröffentlicht. Seiner Auffassung nach lagen die Gründe für die Verfolgung des Templerordens nicht in den politischen Absichten Philipps des Schönen, Konkurrenten um die Macht aus dem Weg zu räumen oder sich in den Besitz der ansehnlichen Reichtümer zu bringen, die die Templer aus dem Heiligen Land mitgebracht hatten. Dies sollen vielmehr Begleiterscheinungen eines gänzlich anderen Plans von metaphysischer Tragweite gewesen sein. Denn Philipp der Schöne habe mit der Vernichtung des Templerordens unter Beihilfe anderer europäischer Höfe, darunter des englischen, und mit Zustimmung des Papstes einen großen Orden zum Schweigen gebracht, der ursprünglich religiös gewesen sei, sich aber nach und nach, zweifellos auch aufgrund seines langen Aufenthalts im Heiligen Land, zu einem Zentrum des Irrglaubens entwickelt habe.

Man versteht, worauf Robert Ambelain hinauswill. Hinter den schmutzigen Geschichten um Geld und Macht lag ein grundsätzliches theologisches Problem: Die Templer hatten aufgehört, an die Göttlichkeit von Christus zu glauben – sofern sie überhaupt je daran geglaubt hatten. Für sie wie für die Muslime, mit denen sie im Dialog standen, war Jesus ein Mensch, und zwar ein Mensch, der am Kreuz gestorben war, um die Sache der ganzen Menschheit zu verteidigen. Doch er war gewiss nicht der Sohn Gottes, den eine Jungfrau empfangen hatte. Und die Vorstellungen dieses Mannes waren viel tiefgründiger und auf alle Fälle viel überraschender als die, die uns die Kirche in der Folge überliefert hat. Robert Ambelain behauptet weiter, eine Untersuchung des Geheimnisses der Templer brächte uns nach und nach dazu, von der Legende Jesus zur historischen Gestalt Jesus vorzudringen. Man habe ein für allemal verhindern wollen, dass jene historischen Entdeckungen ans Licht kämen, die die Templer im Heiligen Land im Austausch mit anderen esoterischen, zum Beispiel muslimischen Gruppen angesammelt hätten. Ambelain stellt sich damit auf die Seite derer, die glauben, die Templerprozesse seien keine plumpe Inszenierung gewesen, um einen zum politischen Störfaktor gewordenen Orden für häretisch zu erklären, sondern, im Gegenteil, ein Fall von echter Häresie. Das erschütternde Geheimnis der Templer habe also darin bestanden, dass Jesus, sei er nun am Kreuz gestorben oder nicht, auf andere Weise weitergelebt habe, nämlich durch leibliche Kinder.

Viel weiter geht Robert Ambelain nicht. Ihn beschäftigt vor allen Dingen der heilige Paulus, dem er Täuschung und Fälschung unterstellt. Im Laufe seiner Ausführungen scheut er sich nicht, von einem Schwindel rund um die Kreuzigung zu reden und aus Paulus eine höchst finstere Gestalt zu machen:

Er sei der eigentliche Anstifter des Brands von Rom unter Nero gewesen. Bei Robert Ambelain treffen die kirchenfeindliche Haltung der Freimaurerei aus den Anfängen der Dritten Republik – Stichwort Freidenker – mit Kenntnissen über den esoterischen Humanismus der Renaissance zusammen, der die Göttlichkeit Christi des öfteren bestritt. Hinzu kommen Hypothesen über den Templerorden, die nie von Historikern überprüft wurden.

Das alles haben Leigh, Baigent und Lincoln unter die Lupe genommen. Sie behaupten jedoch, einen anglikanischen Kanoniker aus Oxford gekannt zu haben, jenen bereits erwähnten Lilley, der sie auf Rennes-le-Château gestoßen und ihnen versichert habe, der dortige Schatz bestehe weder aus Geld noch aus Gold, sondern aus Handschriften aus dem Besitz der Templer, die Bérenger Saunière ausgegraben und dem Priesterseminar von Saint-Sulpice übergeben habe. Der damalige Generalsuperior Abbé Bieil, habe ihn mit seinem Neffen Emile Hoffet bekannt gemacht. Hoffet, eine in der gelehrten Welt bekannte Persönlichkeit, soll die Schriften entschlüsselt und sie dann an einen sicheren Ort nach England gebracht haben. Ihr Inhalt habe offenbart, dass die Merowinger jene Dynastie seien, die auf Jesus zurückgeht.

Jesus war demnach verheiratet. Maria Magdalena und die beiden anderen Marien, Maria Salome von Galiläa und Maria, die Frau des Kleophas, seien auf einer Barke ohne Steuer aus dem Nahen Osten nach Les Saintes-Maries-de-la-Mer getrieben worden und hätten ein «göttliches Kind», das heißt einen Sohn von Jesus, mitgebracht. Dieser Stamm habe während der gesamten gallisch-römischen Antike fortbestanden und sich schließlich mit den Merowingern verbunden, die sich für Erben des Mannes hielten, der das Christentum begründet hatte, worauf sie sich – verständlicherweise – besonders viel einbildeten. Jesus soll also kein fleischgewordener Gott, sondern ein Mann mit göttlichem Auftrag gewesen sein.

Gemäß dieser Überlieferung, strebte die dadurch erst mühsam geschaffene Partei der Merowinger in der Folgezeit nicht nur danach, den nachfolgenden Generationen einen alles in allem auf Anekdoten beruhenden Anspruch auf den Thron weiterzugeben, sondern auch ihre radikal heterodoxe Auffassung vom Christentum. Diese Auffassung habe in der Geschichte eine Reihe von Vermittlern gefunden, so die Templer und kurze Zeit vor ihnen die Katharer, denen die Templer im Südwesten Frankreichs in gewisser Weise Schutz geboten hatten. Später sollen sich die Humanisten der Renaissance, darunter Leonardo da Vinci, in diese Tradition eingereiht haben. Und schließlich sollen die Rosenkreuzer und die Geheimgesellschaften des 17. Jahrhunderts, die sich zum Teil bei den Freimaurern, vor allem in den besonders esoterisch ausgerichteten Logen, eingenistet hatten, dieses Erbe übernommen und diese ungeheuren und erschütternden Wahrheit bis in unsere Zeit bewahrt haben.

An diesem Punkt unserer Untersuchung können wir ermessen, wie plausibel die Sichtweise der Rationalisten ist, die uns raten: «Fahren Sie weiter, hier gibt es nichts zu sehen!» Sie verweisen nicht grundlos darauf, dass die ganze Geschichte ein einziger Schwindel ist.

War Bérenger Saunière nur ein Scharlatan?

Vom wunderlichen oder pikaresken Charakter der verschiedenen Helden abgesehen, scheinen die angeblichen Enthüllungen über die Prieuré de Sion in zusammenhängender Form im Kern von einer einzigen Person zu stammen: Pierre Plantard. Sein Leben lang war Plantard, vorsichtig formuliert, ein Scharlatan. Zudem geriet er mehrmals mit dem Gesetz in Konflikt. Er war ein Mann, dessen Begabung gewiss weit über das hinausging, was er aus seinem Leben gemacht hat. Hätte er seine Vorstellungskraft besser zu nutzen gewusst, hätte er Romancier oder auch Wissenschaftler werden können.

Aber das Schicksal wollte es anders: Pierre Plantard hat lieber Dokumente gefälscht und an einer Legende gestrickt, von der er wusste, dass sie erfunden war. Seinen Zielen hat es nie an Größenwahn gemangelt.

Einige der Enthüllungen, die er mit Hilfe von Gérard de

Sède, und dann über Baigent, Leigh und Lincoln, in Umlauf brachte, eigneten sich zwar ausgezeichnet zur Verbreitung dieser Legenden, doch sie verliehen ihnen deswegen noch keine historische Schlüssigkeit.

Die Kritiker der Affäre von Rennes-le-Château haben es bei der Feststellung bewenden lassen, es handele sich um eine gigantische Irreführung von Pierre Plantard unter Mithilfe des inzwischen verstorbenen Philippe de Chérisey, der laut eigener Aussage Verfasser einer Reihe von Fälschungen war, die in der Nationalbibliothek hinterlegt wurden.

Kurz, wir verdanken den Lärm und das Getöse einer Reihe von Käuzen, wie man sie in Paris trifft, die der Faszination der Esoterik erlegen sind, einigen machthungrigen Wichtigtuern und sonstigen Witzbolden – die sympathischste Seite in der Affäre –, die alle davon überzeugt waren, man könne durch «Wahrlügen» der Geschichte etwas Poetisches und Interessantes verleihen. Alle diese Gestalten, die einen Alexandre Dumas angeregt hätten, haben vermutlich eine Art Scherz getrieben, einen in mancherlei Hinsicht üblen Scherz, da er einen antidemokratischen Beigeschmack hatte. Durch die BBC, die drei angelsächsischen Autoren, die begabter waren als ihre Quelle, und schließlich durch Dan Brown, der alles neu aufbereitet hat, wurde die ganze Sache furchtbar aufgeblasen. Soweit die These der Rationalisten.

Doch über einen Punkt stolpert man: Der ganze Schwindel von Pierre Plantard, und es besteht kein Zweifel, dass es sich um einen Schwindel handelt, stützt sich auf die Episode Bérenger Saunière. Was Abbé Saunière angeht, so steht man jedoch vor unbestreitbaren Zeugnissen. Es genügt, nach Rennes-le-Château zu fahren und dort jenes in der Art des Mont Saint-Michel über einem Hügel errichtete und von Viollet-le-Duc restaurierte Bürgerhaus zu betrachten. Es ist das Pfarrhaus, das Bérenger Saunière bauen ließ und das so groß ist, dass es später als Hotel dienen konnte. Dann der kleine Garten aus dem 19. Jahrhundert, unter dem sich ein eindrucksvolles Kellergewölbe verbirgt, und der Turm, der eine große Bibliothek aufnehmen kann. Kurz, diese verschwenderischen und übertriebenen Anlagen haben Rennes-le-Château zum Gipfel des Rätselhaften gemacht. Obwohl die Gegend viele fantastische Sehenswürdigkeiten bietet, wie etwa die Katharerfestung von Montségur, wird man dort vergeblich nach einem Ort suchen, der ähnlich geheimnisumwittert ist.

Es ist nicht von der Hand zu weisen, dass Bérenger Saunière in den letzten fünfundzwanzig Jahren seines Lebens den Großteil seiner Energie auf diese Bauwerke verwandt hat und dass er in seiner Villa eine illlustre und snobistische Gesellschaft empfangen hat, die sich von dem Geheimnis anlocken ließ, als dessen Bewahrer er sich gerierte, oder die dort verschiedenen esoterischen Praktiken nachging, lange Zeit gedeckt von Monseigneur Billard, dem Bischof von Carcassonne, der ein Verbündeter, vielleicht auch der Anstifter des Dorfpfarrers war. Nachdem es an der Spitze der Kirche in Rom wie auf der Ebene darunter, in Carcassonne, zu einem Wechsel gekommen war, schob die Kirche all diesen seltsamen Überschreitungen schließlich einen Riegel vor.

Bérenger Saunière ist allerdings keine Erfindung. Er hat tatsächlich gelebt, war eine starke Persönlichkeit und hat unwiderlegbare Zeugnisse seiner außergewöhnlichen Existenz hinterlassen. Natürlich mussten sich die Verteidiger der Vernunft des Problems Bérenger Saunière annehmen, und sie taten es nicht ohne Geschick und Hartnäckigkeit. Ihre These von der Bedeutungslosigkeit der Geschichte – «Fahren Sie weiter, hier gibt es nichts zu sehen!» – beruht auf zwei Grundannahmen: Zum einen sei Bérenger Saunière nicht durch eine Entdeckung in Rennes-le-Château an die beträchtlichen Gelder gelangt, über die er verfügte, sondern durch andere, wenig ehrenhafte Mittel. Außerdem habe es in Rennes-le-Château nie etwas gegeben, was den Hoffnungen entsprochen hätte, die die durchweg apokryphen Berichte geweckt hatten, weder einen Geldschatz noch einen Schatz an Pergamenten. Der Schluss aus alldem lautet, dass wir es mit einer Inszenierung ganz nach dem Geschmack der Belle Époque zu tun haben, die mit Pierre Plantard eine Neuauflage erfuhr, nachdem sie die esoterischen und okkultistischen Pariser Kreise der Jahre 1890 bis 1910 durchlaufen hatte. Der Abbé spielte dabei letzten Endes den gutmütigen Narren, sofern dieses Brodeln überhaupt jemals die Tragweite besaß, die man ihm beimisst.

Betrachten wir diese drei Punkte einmal näher.

Zuerst die Frage nach dem Vermögen. Es ist nicht zu bestreiten, dass Bérenger Saunière viel Geld zur Verfügung hatte. Für diejenigen, die nichts von der These des geheimen Schatzes halten, stammte dieses Geld aus unterschiedlichen Quellen. Zunächst einmal war Bérenger Saunière ein Aktivist für die Monarchie. Selbst nach dem Tod des Grafen von Chambord * bekam er noch finanzielle Unterstützung von dessen Witwe. Als letzter direkter Abkömmling der Bourbonen und damit rechtmäßiger Erbe des französischen Throns weigerte sich der Graf, aus Österreich nach Frankreich zurückzukehren und dort den Thron zu besteigen, den man ihm angeboten hatte – solange die Trikolore nicht durch das weiße Lilienbanner

* *Henri-Charles-Ferdinand-Marie-Dieudonné de Bourbon-Artois, Duc de Bordeaux, Comte de Chambord, geb. am 29. September 1820 im Palais des Tuileries, Paris, gest. am 24. August 1883 auf Schloss Frohsdorf in Österreich, wurde nach dem Tod Karls. X. 1836 von der legitimistischen Partei als Heinrich V. zum rechtmäßigen König Frankreichs ausgerufen.*

ersetzt würde, eine Forderung, die einem Thronverzicht gleichkam. Bérenger Saunière, der dem Fürsten die Treue hielt, wurde auch von einer Reihe von Mitgliedern der Legitimistischen Partei unterstützt, die in dieser Region im Südwesten Frankreichs noch aktiv war. Kurz, Bérenger Saunière war ein Wahlkämpfer der legitimistischen Rechten, ein politischer Aktivist, den man solange unterstützte, wie sich die klerikale Rechte noch viel vom allgemeinen Wahlrecht erhoffte, damit er die eine oder andere Aufgabe für sie erledigte.

Zweitens: Die Kritiker Bérenger Saunières nannten die Anschuldigungen berechtigt, die im ersten Jahrzehnt des 20. Jahrhunderts vor dem Kirchengericht gegen ihn erhoben wurden. Um seine Bauten zu finanzieren, muss Bérenger Saunière zweifellos ergiebige Geldquellen aufgetan haben. Angeblich stammten seine Mittel aus dem sogenannten «Messgeschäft». Man mag es glauben oder nicht, schließlich liegt das alles weit vor unserer Zeit, aber gegen Ende des 19. Jahrhunderts kam es zu einer neuen Welle von Frömmigkeit, die in bestimmten kirchlichen Kreisen dafür sorgte, dass für den einen oder anderen Verstorbenen zugunsten dieser oder jener Einrichtung haufenweise Messen gelesen wurden. Und nicht wenige von denen, die diese Messen bestellten, bezahlten die Kirchenmänner im Voraus, die sich dafür verpflichteten, in ihrem Pfarrhaus, wo niemand es überprüfen konnte, Gebete für ihr Seelenheil zu sprechen.

Bérenger Saunière soll das «Messgeschäft» im großen Stil betrieben haben. Angeblich hat er so viele Bestellungen angenommen, dass er zweiundzwanzig Stunden täglich im Gebet hätte verbringen müssen, wenn er allen seinen Verpflichtungen hätte nachkommen wollen. Für einen Priester war das eine schwerwiegende Unredlichkeit, und folglich war dies vor dem Kirchengericht der Hauptanklagepunkt gegen ihn. Zu Recht, wie es heißt. Anhand der von Abbé Saunière hinterlassenen Rechnungsbücher hat man sogar errechnet, dass ihm das Messgeschäft bedeutende Summen einbrachte, die hoch genug waren, um seine Ausgaben ebenso zu erklären wie deren abruptes Ende, nachdem ein neuer Bischof, der redlicher war als sein Vorgänger, entschlossen mit diesen Geschäften aufräumte.

Was schließlich die Entdeckungen betrifft, so beweist nichts, dass sie wirklich bedeutend oder überzeugend gewesen wären. In den Notizbüchern Bérenger Saunières gibt es keinen Hinweis auf eine spektakuläre Vermehrung seines Reichtums nach der Entdeckung des hohlen Pfeilers in der Kirche von Rennes-le-Château und auch keine Spur von jener Reise nach Paris, die er angeblich unternahm, um dort seine Handschriftenfunde entschlüsseln zu lassen. Anscheinend hat man eine Reihe von schriftlichen Äußerungen Saunières falsch verstanden. So ist beispielsweise zu der Bemerkung «secr. Carcassonne» in seinen Notizbüchern überzeugend dargelegt worden, dass sie sich auf ein Treffen mit dem Sekretär des Bischofs von Carcassonne bezog und nicht auf irgendein «secret» (Geheimnis).

Kurz, sollte Bérenger Saunière vor Ort etwas gefunden haben – angeblich gab es in der Kirche von Rennes-le-Château eine Grabkammer –, so konnten diese Funde weder in seinem geistigen Leben noch in seinen materiellen Verhältnissen eine grundlegende Veränderung herbeigeführt haben. Denn erst danach war es ihm gelungen, eine Reihe von Besuchern aus Paris anzulocken, die sich etwas davon versprachen, ihn zu unterstützen. Diese Unterstützungsgelder konnten seinen finanziellen Bedarf aber bei weitem nicht decken. Die Mittel dazu brachte er selbst auf durch das «Messgeschäft».

Anders ausgedrückt, dem Schwindel von Pierre Plantard ging der Schwindel von Bérenger Saunière voraus. Bérengers älterer Bruder Alfred Saunière hatte übrigens seine Stelle als Hauslehrer beim ortsansässigen Adel wegen Unredlichkeit verloren. Beide Brüder hatten also trotz ihrer Priesterweihe manchmal sehr eigenwillige Methoden.

Bérenger Saunière hat Bauwerke von solcher Größe hinterlassen, dass nach Erklärungen gesucht wurde. Es ist das berühmte Leibnizsche Paradox, ein Maximum von Tatsachen durch ein Minimum von Ursachen zu erklären, und angesichts solch eindrucksvoller Bauwerke, angesichts einer so merkwürdigen Biographie denkt man, dafür könnten nur Ursachen verantwortlich sein, die ebenso geheimnisvoll sind wie die Rätsel, vor denen man steht.

Fassen wir also die Thesen einiger skeptischer Historiker zusammen, deren Wortführer Réne Descadeillas ist, der ehemalige Archivar des Departements Aude in Carcassonne. Demnach haben wir es mit einer Kette von Betrügereien zu tun. Als erstes war es Bérenger Saunière gelungen, im Rückgriff auf einen mysteriösen Ort die Aufmerksamkeit auf sich zu ziehen und die gesamte Inszenierung durch das «Messgeschäft» zu finanzieren – die Kirche hat seit dem 15. Jahrhundert einen Begriff dafür: «Simonie». Danach erlosch das Interesse wieder, denn mit dem Tod Bérenger Saunières endete auch die Legende von Rennes-le-Château, das nun für dreißig Jahre in einen Dornröschenschlaf versank. Ende der fünfziger Jahre erwachte das Interesse an diesen Themen langsam wieder, als sich okkultistische Pariser Zirkel um die Sängerin Emma Calvé Rennes-le-Château zuwandten, und es durch das Geschick Pierre Plantards, der wahrscheinlich Ende der dreißiger Jahre Wind von der Sache bekommen hatte, zu einer spektakulären Wende kam. Fasziniert erfand Plantard ein Szenario und brachte sich nach seinen gescheiterten Versuchen vor allem in der Zeit der deutschen Besatzung Frankreichs, in der Politik und bei der extremen Rechten Fuß zu fassen, dank dieser Legende wieder ins Gespräch.

Jetzt kam die Sache richtig in Schwung. Gérard de Sède blies die Affäre nach allen Regeln der Kunst auf, und die drei Angelsachsen Leigh, Baigent und Lincoln taten das ihre, um sie noch mehr aufzubauschen. Mit Dan Brown schließlich sprengt sie alle Dimensionen, ein wenig wie das Universum in der aktuellen Kosmologie, von dem man annimmt, dass sehr dichte Materie, die nicht größer ist als ein Ei auf einem Tisch, seinen Ausgangspunkt bildete, bevor es sich durch eine Reihe von Explosionen unendlich ausdehnte. Was spricht auch dagegen? Ist es denn nicht eine Illusion zu meinen, gewaltige Ereignisse bräuchten ebenso große Ursachen?

Eine solche These enttäuscht doch sehr. Sie wirkt wie eine kalte Dusche, notwendig und heilsam, ein wenig wie der militante Atheismus, der zugleich ein pädagogisches Mittel ist, das die Religion zu größerer Genauigkeit und mehr Vernunft zwingt. In gleicher Weise zwingt uns die Auffassung der radikalen Zweifler, die Geschichte von Rennes-le-Château auf eine sehr viel unnachsichtigere Weise noch einmal zu untersuchen und auf Fehleinschätzungen, Mutmaßungen und Lügen hin abzuklopfen.

Aber selbst unter diesen Voraussetzungen bleibt meiner Ansicht nach ein nicht wegzudiskutierender Rest von Fragen, den auch der radikale Zweifel – wie ihn René Descadeillas oder im Anschluss an ihn etwa Jean-Jacques Bédu, ein intimer Kenner aller Einzelheiten der Affäre Rennes-le-Château, so glänzend vertreten haben – nicht völlig aus der Welt schaffen kann. Auf diese Fragen gehen die Skeptiker nicht richtig ein, obwohl es vernünftige Fragen sind, die eine Antwort verlangen.

Die erste Frage: Wenn Bérenger Saunière tatsächlich ein solcher Schwindler war, wie man uns weismachen will, wie lässt sich dann erklären, dass sich seine Lage mit jedem neuen Papst veränderte? In den ersten Jahren seiner Priesterlaufbahn hatte er im modern eingestellten Leo XIII. ebenso einen Fürsprecher wie in Monseigneur Billard, dem Bischof von Carcassonne, der interessanterweise aus der Normandie stammte, genauer gesagt, aus der von der Templer-Esoterik geprägten Gegend von Gisors. Jedenfalls war Saunière der Protégé des Bischofs und der kirchlichen Behörden, und man ließ ihn gewähren, obwohl seine Unternehmungen nichts von denen eines normalen Priesters hatten. Mit der Amtsübernahme von Papst Pius X. wechselte auch die Politik. Und sofort beschäftigte sich der neue Bischof von Carcassonne, Monseigneur de Beauséjour, mit seinem Fall und zitierte ihn schleunigst vor das Kirchengericht. Nur knapp entging Saunière der Amtsenthebung. Allein die ständigen Einsprüche und die Unterstützung durch seine Gemeinde verhinderten, dass er aus Rennes-le-Château abberufen wurde. Angesichts seiner schrecklichen Lage hätte man erwarten können, dass Bérenger Saunière schlicht und einfach untergeht, besonders wenn er der harmlose Schwindler gewesen wäre, als den ihn die Rationalisten darstellen.

Es gab aber auch Kräfte, die ihn verteidigten, an ihm festhielten, und kaum war 1914 mit Benedikt XV. ein neuer Papst gewählt, verbesserte sich seine Lage. Die Rationalisten bestreiten auch dies und behaupten, die Strafverfolgungen hätten nie aufgehört. Es ist jedoch erwiesen, dass Bérenger Saunière auch während des bevorstehenden und sich bald dramatisch ausweitenden Ersten Weltkriegs wieder an Vertrauen gewann und neue Arbeiten an seiner Villa plante, als hätte sich für ihn alles wieder eingerenkt, und dies ohne neue «Messgeschäfte». Diese Brüche in seiner materiellen Situation zeigen, dass hinter Bérenger Saunière notwendigerweise andere Personen, andere Kräfte gestanden haben, die ihm bei seiner Betätigung als «Schatzsucher» zu bestimmten Zeiten «Straffreiheit» garantierten, ein andermal wieder nicht, und die ihn wahrscheinlich auch finanzierten, sobald er freie Bahn hatte.

Die zweite Frage bezieht sich auf die erwiesene Gegenwart einiger Persönlichkeiten der Belle Époque im Umfeld Bérenger Saunières. Er war nicht als einziger dem Größenwahn verfallen. Bérenger Saunière hat mit großem Pomp Persönlichkeiten seiner Zeit nach Rennes-le-Château geholt: Dujardin-Beaumetz, dessen Amt damals in etwa dem eines heutigen Kulturministers entsprach, die Sängerin Emma Calvé, die von Dorfbewohnern gesehen wurde, aber auch andere Pariser Persönlichkeiten scharten sich um Bérenger Saunière. Er lebte auf großem Fuß und beherbergte Leute von ganz anderem Format als seine Pfarrkollegen in jener abgelegenen Region des Aude. Es gab zahlreiche Kontakte zwischen Bérenger Saunière und allen möglichen Persönlichkeiten aus Pariser Kultur- und Esoterikerkreisen, die sich für ihn interessierten. Wie und warum kam es dazu?

Drittens: Warum besuchte ihn auch Erzherzog Johann Salvator von Österreich-Toskana? Dieser hatte sich nach dem Drama von Mayerling 1889 von der österreichischen Kaiserfamilie entfernt, unter dem Pseudonym Johann Orth als Forschungsreisender und Kapitän auf große Fahrt begeben und später seinen Tod auf See gefunden – eine romanhafte und romantische Gestalt, wie sie das Haus Habsburg des öfteren hervorgebracht hat, vor allen Dingen aber ein enger Freund seines Vetters Rudolf von Habsburg, der auf geheimnisvolle Weise im Schloss von Mayerling zu Tode kam. Johann von Österreich-Toskana war ein leidenschaftlicher Esoteriker. Sein Besuch ist unbestreitbar. Der französische Geheimdienst hat ihn in seinen Akten vermerkt, denn während des Ersten Weltkriegs wurde Bérenger Saunière überwacht, weil man seine

Verbindung zum Haus Habsburg als Indiz dafür betrachtete, dass er als deutscher oder österreichischer Spion angeworben werden sollte; eine absurde Annahme, die allerdings das Interesse des Erzherzogs von Österreich-Toskana an der Affäre von Rennes-le-Château bestätigt.

Schließlich unternahm man ausgedehnte archäologische Grabungen. Und die Fundstücke aus der Zeit der Westgoten, also des Frühen Mittelalters und damit aus der Zeit vor der Eroberung dieses Teils des ehemaligen römischen Galliens durch Chlodwigs Franken, sind ebenfalls unbezweifelbare Fakten.

Das Zusammentreffen dieser Tatsachen muss uns zu denken geben. Bérenger Saunière kann demnach nicht einfach der Betrüger gewesen sein, als den man ihn darstellt. Das Messgeschäft konnte er durchaus als Mittel genutzt haben, um unauffällig an Geld zu gelangen. Mit seinem Leben ging es auf und ab, je nachdem, ob er Kirchenmänner fand, die ihn beschützten, und das nicht nur im Bistum von Carcassonne, sondern auf allen Ebenen der Kirchenhierarchie. Und obwohl nicht klar war, worin für Pariser Persönlichkeiten aus der Zeit Marcel Prousts der Reiz und die kulturelle Bedeutung für ihre Besuche bei Bérenger Saunière lagen, zeugen diese von einem intensiven Interesse an seiner Pfarrei, seiner Kirche und einer Reihe von Phänomenen, die dort aufgetreten waren.

Das alles hat es skrupellosen Menschen, darunter einigen notorischen Lügnern wie Pierre Plantard, ermöglicht, sich die Legende des Dorfes anzueignen. Es lässt sich aber schlechterdings nicht abstreiten, dass hier Reste einer politischen und historischen Überlieferung vorliegen, die es einmal gegeben hat und die von Bedeutung war.

Antworten auf den radikalen Skeptizismus

Inzwischen dürfte klar sein: Ich gehöre nicht zu den Autoren, die den radikalen Zweiflern uneingeschränkt zustimmen. Ihre Einwände sind ein erfrischendes Bad, das Rennes-le-Château von den vielen Mythen, Spekulationen und Konstruktionen bisweilen mythomanischer Autoren reinigt. Durch sie sind die Dinge zwar wieder zurechtgerückt worden, doch die Wirklichkeit eines Geschehens, das sich in zwei Etappen abgespielt hat, konnten sie nicht leugnen: zunächst die regelrechte Inszenierung eines Mythos um Rennes-le-Château durch den Priester Bérenger Saunière, die über eine bloße Irreführung oder simple Hochstapelei hinausreichte. Und dann, seit den dreißiger Jahren und vor allem nach dem Zweiten Weltkrieg, die Wiederaufnahme des Mythos durch eine schrullige Persönlichkeit, Pierre Plantard, der die Gelegenheit nutzte, mit ausgeklügelten und vielfältigen Methoden, die weit über den Versuch einer Mystifikation hinausgingen, eine andere Version der französischen Geschichte um Rennes-le-Château zu stricken. Was Plantard antrieb, war nicht die Anhäufung eines Vermögens, sondern das Ziel, eine neue Version der Dinge zur Geltung zu bringen, die ihn so sehr faszinierte, dass er darüber die eigentliche, weniger spektakuläre Geschichte vergaß.

Zwei Punkte sind dabei von entscheidender Bedeutung. Bei seiner Ankunft in Rennes-le-Château wusste Bérenger Saunière, wenn auch nicht im Detail, so doch in groben Umrissen, dass dieser Ort unerforschte historische Zeugnisse barg, die eine gewisse Bedeutung hatten. Und schon bald machte er sich unter dem Vorwand der Restaurierung seiner Kirche auf die Suche.

Sein älterer Bruder und Mentor, der bereits erwähnte Alfred Saunière, war Hauslehrer bei den Chefdebiens, einer bedeutenden Familie aus Narbonne. Die Chefdebiens gehörten zu jenen Familien des Hochadels im Languedoc, die sich seit dem 18. Jahrhundert an der Freimaurerei beteiligten. Um gleich mit einem alten Vorurteil aufzuräumen: Auch wenn die Freimaurerei Anhänger aus allen gesellschaftlichen Klassen hatte – und besonders zahlreich Mitglieder des dritten Standes, aus denen nach 1789 mehr oder weniger feurige Revolutionäre wurden –, so war sie doch zuerst ein Treffpunkt des Adels. Und viele Freimaurer blieben nicht nur unbeteiligt, sondern bekämpften die Französische Revolution geradezu, darunter auch die Familie Chefdebien, die in der Restaurationszeit aktiv die Bourbonen unterstützte. Nach 1815 beteiligten sich einige Familienmitglieder an der Neugründung einer mystischen Ritterschaft, die sich zwar nach wie vor auf die Freimaurerei berief, aber zum liberalen Rationalismus der Hauptströmung auf Distanz ging. Auf diese Weise entstand eine Art Ritterloge, die sich in mittelalterliche Mythen kleidete, in Templertum und Okkultismus, wie es der Historiker Gérard Galtier ausdrückt. Zu ihren Repräsentanten gehörten neben anderen Familien aus dem Languedoc die Chefdebiens – obwohl sie weiter mit der traditionellen Monarchie sympathisierten.

In diesem legitimistisch und esoterisch geprägten Umfeld schnappte Alfred Saunière, den seine Gönner später fallen ließen, Legenden oder Traditionen auf, die zur volkstümlichen Überlieferung der Region gehörten. In ihnen ist die Rede von einem Schatz, aber auch von der besonderen Bewandtnis, die es mit einigen Orten auf sich habe, und zweifellos von dem Zusammenhang dieser Region mit wichtigen Episoden der französischen Geschichte.

Man kann sich also durchaus vorstellen, dass Bérenger Saunière nicht im Auftrag einer Geheimgesellschaft handelte, wie Verschwörungstheorien ihm unterstellen, sondern dass er hier und da Gerüchte aufschnappte, die sein Interesse anspornten. Wir bewegen uns in einem tief katholischen Milieu, das von dem unter Jean Baptiste Willermoz auf dem Freimaurer-Kongress in Wilhelmsbad 1782 eingeführten Rektifizierten Schottischen Ritus oder den Vorstellungen Joseph de Maistres beeinflusst war, einem Milieu von Esoterikern und Reaktionären, die einem mystischen Rittertum anhingen, die es erst meinten und die den guten Ruf des Templerordens nicht zu ihrem bloßen Vergnügen wieder herstellen wollten, zumindest nicht in seiner «satanisch antiklerikalen» Version, die die Legitimisten anprangerten. Hier ging es nicht um eine Hypothese über das Menschsein von Jesus oder seine Eheschließung mit Maria Magdalena, die in diesen Kreisen gänzlich unannehmbar und unvorstellbar gewesen wäre.

Bérenger Saunière entfaltete seine Aktivitäten unter dem Einfluss eines Mannes, von dem bisher nicht die Rede war, weil es den Zweiflern nicht gelingt zu erklären, welche Rolle er spielte: Abbé Boudet, Saunières Amtskollege in Rennes-les-Bains. Boudet war ein vollkommen uneigennütziger Gelehrter, der die Gegend schon vor Saunière nach einem geheimen Schatz durchforstet hatte. Abbé Boudet gilt nach der surrealen Legende von Rennes-le-Château als Verfasser des ziemlich lächerlichen Werks *La vraie langue celtique* («Die wahre Sprache der Kelten»), das ihm ein Glückwunschschreiben von Königin Victoria einbrachte. Darin versucht der Pfarrer, der die Sprache Shakespeares auf bewundernswerte Weise beherrschte, durch Verfahren, die eher mit surrealistischen Übungen verwandt sind als mit wissenschaftlicher Forschung, den Ursprung aller Wörter der Region aus der modernen englischen Sprache zu erklären. Viele meinen, das Werk sei nur eine Maske gewesen, unter der Boudet die mystische Topographie der Gegend verschlüsseln und die dechiffrierbare Karte eines vergrabenen Schatzes liefern wollte.

Eine andere wichtige Persönlichkeit war Abbé Gélis, Priester in der Nachbargemeinde Coustaussa, der unter geheimnisvollen Umständen ermordet wurde: Die Einbrecher, denen er selbst die Türe öffnete, rührten seine Ersparnisse in einer Schublade nicht an … und signierten ihr Verbrechen mit dem Namen einer Geheimgesellschaft, «Viva Angelina», was die örtliche Presse im ausgehenden 19. Jahrhundert in Staunen versetzte.

Ausgangspunkt waren also mehrere Priester im Razès, die anscheinend nach etwas Verborgenem gesucht haben. Den Anfang machte ein gewisser Abbé Bigou, der am Vorabend der Revolution 1789 Pfarrer in Rennes-le-Château war. Er starb 1794 im spanischen Exil. Es scheint, als habe sich Abbé Bigou als erster auf dem Friedhof von Rennes-le-Château zu schaffen gemacht und dort den Grabstein für eine Person gesetzt, die dort nicht begraben war, Marie de Nègre d'Ables. Teile der

Inschrift auf diesem Stein sind offenkundig verschlüsselt, und Saunière versuchte, sie zu enträtseln, indem er den Friedhof systematisch durchwühlte, bis der antiklerikale Bürgermeister der Gemeinde Klage gegen ihn erhob. Abbé Bigou hatte enge Verbindungen sowohl zur Familie Chefdebien wie auch zur Familie d'Hautpoul, der ältesten und angesehensten Familie der Region, die wiederum jener Initiationsgemeinschaft von Freimaurern sehr nahe stand, der der junge Marquis de Chefdebien während der Restaurationszeit angehörte.

Jetzt bekommen wir festen Boden unter die Füße. Saunière war demnach kein passives Werkzeug der Chefdebiens, er wollte vielmehr aus eigenem Wissensdurst herausfinden, worum es eigentlich ging bei den Geheimnissen, die ihm seine Kollegen anvertrauten. Dass Saunière in seinen Notizbüchern keine Entdeckung vermerkt hat, muss nicht automatisch bedeuten, dass er nichts entdeckt hat. Im Gegenteil. Bérenger Saunière hat immer wieder neue Grabungen unternommen. Er ist nicht beim ersten Spatenstich auf den weißen Raben gestoßen. Er musste ein wenig länger warten, als er gedacht hatte, nämlich bis 1886, so das offizielle Datum, bis er Schriftstücke fand und dazu einige alte Münzen, die er zu einem guten Preis veräußerte. Von den Schriftstücken waren nicht alle so bedeutend, wie man vorgab. Kurz, für die Skeptiker gab es hier viel zu diskutieren, aber auch wenn diese Schriftstücke nicht sehr bedeutend waren, ist die Theorie vom Messgeschäft allein keine hinreichende Erklärung für den schlagartigen Reichtum Bérenger Saunières.

Dann wären da noch die Bestätigungen der Kirche Saint-Sulpice in Paris, wo zu jener Zeit ein bedeutendes Priesterseminar der französischen Kirche bestand, das ein gewisser Abbé Bieil leitete. Dieser hatte einen elsässischen Neffen, Abbé Hoffet, der eine wichtige Rolle bei der Entwicklung des «liberalen

Katholizismus» spielte, wie man damals den Versuch bezeichnete, die Heilige Schrift einer vernunftgemäßen und wissenschaftlichen Erklärung zu unterziehen, ohne dabei mit Rom zu brechen. Diese Strömung war wegen ihrer Bereitschaft zur Öffnung bei einigen Okkultisten gut angesehen. Es ist möglich, dass Reverend Bartlett zur selben Zeit in Oxford mit dieser Strömung bekannt wurde. Aufgrund seiner konservativen Grundeinstellung wandte sich Abbé Saunière nicht ohne Vorbehalte an diese Leute. Doch hatte er eine andere Wahl?

Durch Hoffet sachkundig entschlüsselt, ermöglichten diese Schriftstücke maßgebliche Erkenntnisse. Nicht zufällig haben Johann Orth von Österreich-Toskana sowie einige andere Persönlichkeiten des öffentlichen Lebens, darunter die Sängerin Emma Calvé, von der alle glaubten, sie sei die Geliebte Saunières, Rennes-le-Château kurz danach einen Besuch abgestattet. Emma Calvé war mit dem Esoteriker Jules Doinel verbunden, der zum Inventar der Dritten Republik gehörte. Dieser hübschen Gesellschaft lag sehr viel an Rennes-le-Château.

Saunières Unterstützer kannten die Welt des Okkultismus, aber sie teilten wahrscheinlich nicht alle dieselbe Sicht der Dinge. Die möglichen Unterschiede gehen auf zwei verschiedene Einflüsse zurück: zum einen auf den traditionsbewussten Katholizismus, vermittelt durch eine ihrerseits traditionelle Freimaurerei, die des Rektifizierten Schottischen Ritus, zum anderen durch Forscher, die der mehrheitlichen, eher rationalistischen und antiklerikalen Richtung der Freimaurerei nahe standen. Auf beiden Seiten interessierte man sich für die Aktivitäten Saunières, und man kann sich gut vorstellen, dass dieser beiden zuhörte.

Seinen Hauptrückhalt hatte Saunière auf jeden Fall immer bei der Kirche selbst: bei Monseigneur Billard, dem Bischof von Carcassonne, der wiederum ein Schüler von Kardinal de

Bonnechose war. Dieser große Prälat des Second Empire, eine bedeutende Persönlichkeit in der Kirchenwelt des 19. Jahrhunderts, war ein Anhänger Papst Leos XIII. und seines von liberalen Gedanken geprägten Versuchs, die katholische Kirche für die moderne Welt zu öffnen.

Es ist lächerlich zu behaupten, wie einige Autoren es tun, Monseigneur Billard sei selbst insgeheim Freimaurer gewesen. Dagegen war er an einer Art katholischer Esoterik interessiert, die ähnlich eigenwillig war wie die Esoterik der Priester Bieil und Hoffet. Und er hatte zweifellos die Absicht, sich Bérenger Saunières zu bedienen, um darüber zu wachen, was die Lösung des Rätsels von Rennes-le-Château ergeben würde. An dieser Stelle können wir nur das stillschweigende Einverständnis zwischen den Priestern der gallikanischen und der liberalen Tradition von Saint-Sulpice festhalten, zwischen Monseigneur Billard in Carcassonne und Kardinal de Bonnechose, dem langjährigen Erzbischof von Rouen, der sich besonders für die normannischen Mysterien – Gisors, das Geheimnis der Hohlen Nadel – interessierte, die im Zusammenhang mit den Geheimnissen von Rennes-le-Château seltsamerweise immer auftauchen. Und stammten nicht zwei Künstler, die sich sehr für die Sache begeisterten, Nicolas Poussin und, zwei Jahrhunderte nach ihm, Maurice Leblanc, ebenfalls aus der Normandie?

Nach dem Tod von Monseigneur Billard häuften sich die Schwierigkeiten für den armen Saunière, bis der eng mit den Habsburgern verbundene Benedikt XV. zum Papst gewählt wurde und ihn von gerichtlichen Nachstellungen befreite. Geistig und körperlich erschöpft starb unser Held 1917.

Eine Legende ist im Umlauf, die schwer zu bestätigen oder zu widerlegen ist, nach der ein Priester, der gekommen war, um Bérenger Saunière mit den Sterbesakramenten zu versehen, von dessen Beichte mit schreckverzerrtem Gesicht zurückkehrte. Eine Erfindung? Jedenfalls hat ihm der Priester nicht die letzte Ölung verweigert, wie von einigen Dorfbewohnern in den fünfziger Jahren behauptet wurde. Allerdings dürfte er einiges zu hören bekommen haben.

Die Sache ist verzwickt. Das Geheimnis von Rennes-le-Château hat viele Kreise in seinen Bann gezogen, doch daraus entstand keine einheitliche, klar umrissene Strömung. Es gibt auch keine große Verschwörung, die sich Bérenger Saunières bedient und ihn nach und nach manipuliert hätte. Saunière war eine starke Persönlichkeit, es fehlte ihm nicht an Vorstellungskraft, und im Wissen um die Geheimnisse und das Interesse, das sie wecken konnten, verhandelte er mal mit den einen und mal mit den anderen, setzte dabei alle ihm verfügbaren Mittel ein und erreichte, was er erreichen wollte, nämlich jene Mischung aus weltlichem Prunk und dem Triumph bestimmter kirchlicher Ideen, wie sie seine liberal eingestellten Gönner in Saint-Sulpice und Rom vertraten, die er aber niemals schriftlich niedergelegt hätte. Ja, Bérenger Saunière wusste etwas, doch er wusste sozusagen nicht alles, er entdeckte einiges, aber es war noch nicht alles.

Der zweite Punkt, der uns hier interessiert, ist die Frage, warum es für Bérenger Saunière, sollte er tatsächlich etwas gefunden haben, so schwer war, dies zu übermitteln. Zuerst fällt einem dabei der Mord an dem Priester Gélis in Coustaussa ein, der Saunière zur Vorsicht mahnte. Dann wird man sich seiner Verbindungen zu gewissen esoterischen Strömungen erinnern müssen, die ihm Rückhalt gaben – das ist unbestreitbar –, denen aber nicht unbedingt an einer Verbreitung seiner Entdeckungen gelegen war.

Dabei geht es um einen wichtigen Aspekt, den die radikalen Skeptiker hartnäckig außer Acht lassen. Die Affäre von

Rennes-le-Château war schon bekannt, bevor Rennes-le-Château, wenn ich so sagen darf, überhaupt existierte, denn bereits in der Literatur des 19. Jahrhunderts finden wir zahlreiche Anspielungen auf eine Erzählung, die die Merowinger, aber auch die Normandie und die Verbindungen zwischen dem Templerschatz und dem Razès in sich vereinigt.

Wer sind die Autoren, die diese Dinge so beharrlich zur Sprache bringen? Lassen wir Gérard de Nerval und seine fieberhafte Suche nach dem Orient der Templer einmal beiseite, die unser Thema nur am Rande berührt. Anders sieht es aus bei Maurice Barrès *(La colline inspirée)*, Jules Verne, Maurice Leblanc und dem literarischen Ahnherrn dieser Affäre, Charles Nodier, der zur Hauptquelle wurde, nachdem er zum Direktor der Bibliothèque de l'Arsenal ernannt worden war. Diese Autoren, die keine Unbekannten sind und nicht im Ruf stehen, Possenreißer zu sein, haben schon vor der Entdeckung von Rennes-le-Château, diese Themen mehr oder weniger offen behandelt, so dass Bérenger Saunière also weder der erste noch der letzte war, der sich näher für die Geheimnisse des Razès interessierte.

Beginnen wir mit Jules Verne, dem bekanntesten und in vieler Hinsicht bedeutendsten unter diesen Schriftstellern. Jules Verne, der selbst nie Freimaurer, aber «Dreyfus-Gegner» war, begeisterte sich für den technischen Fortschritt und Erfindungen. Da er seinem Verleger Hetzel zahllose Texte lieferte, finden sich eine Reihe seiner zweitrangigen Romane heute noch in den ältesten Büchersammlungen, einige hat man aber auch neu aufgelegt, ohne dass sie deshalb viel gelesen werden. Einer dieser hingeschluderten Romane verdient jedoch unser Interesse. Sein Titel lautet *Clovis Dardentor.* Jules Verne erzählt darin die Geschichte einer Expedition nach Algerien, die in den Rahmen seines Gesamtprojekts der «Voyages extraordinaire», der ungewöhnlichen Reisen, passte, mit dem er nach und nach den gesamten Planeten mit neuen Romanhandlungen überziehen wollte. Der Name Dardentor ist ein durchsichtiges Wortspiel mit «l'or ardent» (das glühende Gold). Die Geschichte beginnt in Südfrankreich, setzt sich fort auf Mallorca, der Hauptinsel der Balearen, und schließt mit einer Reise durch Algerien. Die wenig überzeugende Handlung findet erwartungsgemäß ein gutes Ende.

Doch ihr Titel lässt aufhorchen: «Clovis», auf deutsch «Chlodwig», hieß der erste große Merowinger-König, und «Dardentor», in die richtige Silbenfolge gebracht, heißt «von glühendem Gold». Im Titel wird folglich auf einen geheimen Schatz der Merowinger angespielt. Einige Exegeten wie Michel Lamy haben gezeigt, dass in Jules Vernes Roman die Topographie Algeriens tatsächlich mit der Topographie des Razès übereinstimmt. Der Zug, der ins Innere Algeriens führt, verkehrte in Wirklichkeit auf der Bahnstrecke von Carcassonne nach Quillan, die erst kürzlich stillgelegt wurde. Jules Verne wollte vielleicht auf naive Weise zeigen, dass er eingeweiht war, wahrscheinlich weil er Zugang zu bestimmten esoterischen Kreisen hatte. Er wusste offenbar, dass es dort einen Schatz gab, sei es real oder metaphysisch, und genau wie siebzig Jahre später Pierre Plantard schrieb er ihn den Merowingern zu. Dieser Roman wurde vor oder gleichzeitig mit Bérenger Saunières Anfängen verfasst. Aber es gibt keinerlei direkte Verbindung zwischen Saunières Entdeckung und der Prosa von Jules Verne.

Ebenso wenig gibt es eine Verbindung zwischen Bérenger Saunière und Maurice Leblanc. Dieser Freimaurer, Mitglied der Großloge und leidenschaftlicher Esoteriker, erfand fünfzehn Jahre vor der Entdeckung von Rennes-le-Château mit Arsène Lupin einen Helden, dessen Schicksal und Bekanntheitsgrad sich mit den Helden von Jules Verne messen kann. Er begann sein Werk vor dem Ersten Weltkrieg und führte es bis nach dem Krieg fort. Es erstreckt sich über alle erdenklichen Themen im Leben eines Meisterdiebs, dessen Persönlichkeit mit der Zeit immer komplexer wird und der in immer erstaunlichere Verwicklungen gerät.

In einigen seiner Romane, die häufig in seiner Heimatregion, der Normandie, spielen, zeichnet sich die Geschichte eines Schatzes ab, den eine esoterische Gesellschaft beschützt, die von einer rivalisierenden Gruppe bekämpft wird. Kurz, für eine Reihe von Maurice-Leblanc-Spezialisten war es nicht unmöglich, einige seiner Schlüsselszenen zu erläutern und zu zeigen, dass auch er, wenngleich mit mehr Erzähltalent als Jules Verne in *Clovis Dardentor,* den Schatz von Rennes-le-Château, den des verschwundenen Königs und der verschwundene Dynastie sowie einige damit verbundene Episoden erwähnt. Leblanc wusste also von dieser Geschichte, die das literarische Frankreich der Belle Époque wahrhaftig gefesselt zu haben scheint, ohne dass die Bemühungen des Pfarrers von Rennes-le-Château dabei eine Rolle gespielt hätten.

Diese französischen Autoren haben auf ihre Weise die Gegend des Aude und allgemein des Languedoc als ein Land beschrieben, das ein großes Geheimnis berge. Es ist nicht ausgeschlossen, dass ihre literarischen Beiträge so etwas wie Blindversuche waren, um die Suche nach dem Schatz voranzutreiben.

Die Schlüsselbedeutung des 17. Jahrhunderts

Und was hat Pierre Plantard mit all dem zu tun? Können wir nun, da wir Bérenger Saunière teilweise rehabilitiert haben, so weit gehen, auch Pierre Plantard zu rehabilitieren? Ja und nein. Nein, weil Pierre Plantard im Gegensatz zu Bérenger Saunière sein Leben lang ein Manipulator war, der nie preisgab, was er wirklich wusste, sondern sein Wissen als Hebel benutzte, um bekannt zu werden. Doch in anderer Hinsicht muss man ihn rehabilitieren, denn Pierrre Plantard hat nicht alle Einzelheiten erfunden, die er dann häppchenweise Schriftstellern servierte, die begierig nach greifbaren Fakten hinter diesem Rätsel suchten.

Pierre Plantard ist kein Ausgangs-, sondern ein Endpunkt. So kam es, dass Gérard de Sède sich am Ende seiner literarischen Karriere von den Halbwahrheiten und Lügen Plantards überrumpelt fühlte. Waren sie ihm zuvor nicht aufgefallen? Wahrscheinlich, denn de Sède, den ich persönlich kannte, war von Grund auf ehrlich, ein vom Surrealismus geprägter Romantiker und kritischer Kommunist – für kurze Zeit war er sogar Trotzkist gewesen –, der immer starke Bindungen zu seiner Vergangenheit in der Résistance hatte. Seine Vorstellungen waren manchmal verschroben, aber stets streitbar und – abgesehen von seinem Antizionismus – nobel. Ich kann mir nicht vorstellen, dass ein solcher Mann gänzlich beherrscht war von den Aussichten auf Gewinn oder dem Willen, ein Possenspiel aufzuführen.

Rückblickend versuchte Gérard de Sède zu verstehen, wie es Plantard gelungen war, ihn zu manipulieren. Eine Erklärung dafür liegt seines Erachtens zum Teil in der Geschichte der Geheimgesellschaften zwischen den beiden Weltkriegen. Er verriet auch den Namen des Mannes, von dem Plantard seine Anregungen bezogen hatte, ein gewisser Israël Monti. Georges Monti, wie er mit richtigem Namen hieß, hatte den Vornamen Israël angenommen, um seine jüdischen Gesprächspartner besser täuschen zu können, denn obwohl er rechtsextremen Kreisen mit einem tief verwurzelten Antisemitismus angehörte, begeisterte er sich für die Kabbala. Sicher ist, dass dieser Monti vor dem Krieg unter rätselhaften Umständen mit Gift ermordet wurde. Dieser professionelle Manipulator war sein Leben lang damit beschäftigt gewesen, sich Zugang zu Kreisen wie den Freimaurern zu verschaffen, um so an politische Informationen zu gelangen; man traf ihn aber auch bei anderen Geheimgesellschaften, selbst bei Gegnern der Freimaurer.

Monti ist mit einer Bewegung verbunden, die zum Sammelbecken für Mythen, Lügen und Vermutungen wurde und die man «Synarchie» nennt. Um zu verstehen, wie einige Zirkel dieser Bewegung Plantard benutzen konnten, muss man auf die Ideen zu sprechen kommen, die diese Organisation in der ersten Hälfte des 20. Jahrhunderts in Frankreich verkörperte.

Das Wort «Synarchie» steht für die «Vereinigung der Mächte», ihre Versöhnung, und bildet den semantischen Gegenbegriff zu «Anarchie», dem «Machtvakuum». Diese Bewegung entstand während der Pariser Commune in einem Klima der Angst vor einem permanenten Bürgerkrieg, einer Erbschaft aus der Französischen Revolution, kurz, der Angst vor der dauerhaften Unfähigkeit Frankreichs, die Beziehungen zwischen den sozialen Klassen und den politischen Kräften friedlich zu gestalten.

Hinzu kam ein origineller Kopf, Saint-Yves d'Alveydre. Nach einem recht bescheidenen Leben als Privatlehrer auf Jersey, wo d'Alveydre gegen Ende des Second Empire Victor Hugo begegnete, gab er Privatunterricht in London. Dort freundete er sich mit dem Sohn von Lord Bulwer-Lytton an, dem Autor des Erfolgsromans *Die letzten Tage von Pompeji,* einem großen esoterischen Schriftsteller und Freimaurer. Er heiratete eine fünfzehn Jahre ältere, reiche Witwe, die er von ganzem Herzen liebte, und aller Sorgen um seinen Lebensunterhalt enthoben, widmete er sich fortan der Esoterik.

Er veröffentlichte eine Reihe von Werken, die heute noch im Buchhandel erhältlich sind: *La Mission de l'Orient, La Mission de l'Inde, La Mission des Ouvriers* und *La Mission des Juifs,* denn im Gegensatz zur wachsenden Judenfeindlichkeit in Frankreich, war Saint-Yves d'Alveydre kein Antisemit. Seine mühsam zu lesenden Abhandlungen liefern eine einheitliche, utopische Weltanschauung, die sich hauptsächlich auf die Entdeckung Indiens stützt. Da durch die Briten immer mehr von der Weltanschauung und den philosophischen Lehren Indiens nach Europa gelangte, wuchs hier die Begeisterung für Indien. Man entdeckte die metaphysische Tiefe dieser Kultur. Was für Großbritannien Madame Blavatsky war, jene russische Aristokratin auf der Flucht, die durch den Exzentriker Colonel

Olcott * zum Buddhismus fand, bedeutete Saint-Yves d'Alveydre für Frankreich: Er beschäftigte sich mit der vedischen Literatur und war überzeugt, Brahmanen seien die Wegbereiter der Menschheit.

Wir wollen den visionären und zugleich komischen Aspekt von Saint-Yves d'Alveydre hier nicht weiter verfolgen und uns auch nicht mit den metaphysischen Grundlagen seiner Lehre beschäftigen, sondern mit ihrem Ergebnis, das in den okkultistischen Kreisen Frankreichs nach 1900 eine beachtliche Bedeutung erlangte. Es geht um einen hellsichtigen Appell zur «Versöhnung der Klassen», einer Versöhnung, die an die Ideen Papst Leos XIII. erinnert, dem ständigen Rückhalt Bérenger Saunières und engen Freund jenes Kardinals de Bonnechose, der die Kirche von Frankreich zwang, die Republik anzuerkennen und sich der Arbeiterfrage anzunehmen. Dieser Aufruf zum Kompromiss, der aus einer Annäherung unterschiedlicher politischer Kräfte entstand, stieß auf großen Widerhall in der politischen Welt der Belle Époque, die nach einem besser begründeten Ausgleich suchte als ihn der wissenschaftliche Positivismus bieten konnte.

Selbstverständlich gibt es auch eine dunkle Seite dieser Lehre: Ohne die Demokratie direkt anzugreifen, stellte Saint-Yves d'Alveydre ihre ethische Tauglichkeit in ihrer jetzigen Form in Frage, die auf dem allgemeinen Wahlrecht beruhende,

* *Henry Steel Olcott, geb. am 2. August 1832 in Orange (New Jersey), USA, gest. am 17. Februar 1907 in Adyar (Madras), Indien, war ein nordamerikanischer Rechtsanwalt und Landwirtschaftsexperte. Der bekennende Buddhist und aktive Förderer dieser Religion war einer der Gründer der Theosophischen Gesellschaft und ihr erster Präsident. Aufgrund eines im Sezessionskrieg erworbenen militärischen Ranges, wurde er häufig «Colonel» Olcott genannt. (Anm. d. Ü.)*

uneingeschränkte Demokratie, die in Frankreich gerade triumphierte und auf dem besten Weg war, den Rest des europäischen Kontinents zu erobern.

Dieser Demokratie setzte Saint-Yves d'Alveydre die Neugründung «gerechter hierarchischer Gesellschaften» entgegen, in denen jeder seinen Platz hat und allen dieselbe Wertschätzung zukommt. Das war sein Hauptzugeständnis an die demokratische Idee, doch zugleich forderte er von den Eliten Verständigung untereinander, gemeinsames Handeln und Selbsterneuerung durch Kooptation, damit die notwendigen geistigen und politischen Institutionen einer lebendigen Gesellschaft funktionieren können. Auf diese Weise hört die Demokratie allerdings auf, ein Verfahren zur Legitimierung von Macht zu sein. Auf jeden Fall akzeptierte Saint-Yves d'Alveydre die Führungskader der modernen Gesellschaft, wollte ihnen durch die Wiederbelebung der mittelalterlichen Korporationen jedoch eine tiefere Spiritualität und einen tieferen Sinn geben – und dafür diente ihm, ohne dass er es explizit sagte, das indische Kastensystem als Vorbild. Eine solche Gesellschaftsordnung sei nur zu erreichen, wenn sich Eliten und Geheimbünde bildeten, die in gewisser Weise der klassischen Freimaurerei entgegenträten, der großen Lehrmeisterin der demokratischen Republik.

Wir haben es hier mit demselben Wahn zu tun, der das ganze beginnende 20. Jahrhundert umtrieb und der mit den Ängsten zusammenhängt, die angesichts des unausweichlichen Aufstiegs von republikanischer Verfassung und Demokratie bei einem Teil der bürgerlichen Gesellschaft aufkamen. Diese Angst konnte erst gebannt werden, nachdem die europäische Jugend auf den Schlachtfeldern des Ersten Weltkrieges geopfert war.

Wir können Saint-Yves d'Alveydre nichts vorwerfen. Er

hatte nichts zu tun mit den Versuchen, die Republik zu stürzen. Er stand eher auf der Seite von Dreyfus, soweit er diese Affäre erfasste, die sich zu einem späten Zeitpunkt seines Lebens abspielte. Übrigens ist es unstrittig, dass er zusammen mit seinem Freund Papus alias Docteur Encausse* sowie dessen Schüler, dem Wunderheiler «Maître» Philippe**, dem französischen Geheimdienst half, Kontakt zur Umgebung der Zarin zu knüpfen, die verzweifelt nach Heilmitteln für ihren Sohn, Zarewitsch Alexei, suchte, der an der Bluterkrankheit litt. Dass sie später dem deutschlandfreundlichen Rasputin den Vorzug gab, war eine Niederlage für die französische Geheimdiplomatie in Russland.

In diesem Umfeld also bewegte sich Saint-Yves d'Alveydre. Er war ein gemäßigter und kritischer Republikaner, enthusiastischer Bewunderer Victor Hugos, im Kielwasser von Papst Leo XIII. segelnder, moderner, liberaler, aber anspruchsvoller Katholik. Wieder begegnen wir dem Seminar von Saint-Sulpice, Abbé Bieil, seinem Neffen, dem Spezialisten für mittelalterliche Schriften Abbé Hoffet, und all den Personen, die um Rennes-le-Château kreisen. Saint-Yves d'Alveydre selbst hat freilich nichts über Rennes-le-Château geschrieben.

Bald nach dem Ersten Weltkrieg radikalisierten sich seine Schüler. Seit der Schlacht von Verdun besaß die Dritte Republik nicht mehr dasselbe Ansehen wie vor 1914. Mit der überall zunehmenden Kriegsgefahr wuchs das Risiko, aber auch

* *Gérard Encausse, genannt Papus (1865–1916), französischer Okkultist, Mitbegründer des Marinistenordens, trug den Titel eines Doktors der Medizin. (Anm. d. Ü.)*

** *Nizier Anthelme Philippe (1849–1905), den Zeitgenossen als «Monsieur Philippe» bekannt und posthum als «Maître Philippe de Lyon», war ein französischer Mystiker und galt als Wunderheiler. (Anm. d. Ü.)*

die Anziehungskraft von Diktaturen. Die Angst vor der Pariser Commune wurde von der sehr konkreten Gefahr der Oktoberrevolution abgelöst, die sich über ganz Europa auszuweiten drohte. Genau in diesem Augenblick entwickelte sich die Synarchie von einer etwas wirklichkeitsfremden Philosophie zunehmend zu einer politischen Bewegung. Ab 1930 machte eine Bewegung von sich reden, die sich «Mouvement synarchique d'Empire» nannte und Leute von so geringem Format, um nicht zu sagen von solcher Mittelmäßigkeit ins Rampenlicht rückte, dass Historiker zu der Ansicht neigen, diese Synarchie sei nur eine Mystifikation.

In diesen synarchischen Bewegungen stößt man auf Leute, die von den Freimaurern kamen, besonders aus dem Internationalen Orden der Freimaurerei für Männer und Frauen «Le Droit humain». Auch ein Mann von ganz anderem Kaliber war dort anzutreffen: der Bergbauingenieur Jean Coutrot, der zu den Mitbegründern der X-Crise-Gruppe gehörte, einer Vereinigung ehemaliger Absolventen von Technischen Hochschulen, deren Ziel es war, auf die Krise von 1929 mit zeitgemäßen Ideen zu antworten: Ende des Liberalismus, Konzentration von Industrieunternehmen, Zusammenarbeit von Industriellen und Politikern einer Denkrichtung, kurz Ideen technokratischen Ursprungs, die mit weniger Getöse zuerst während der deutschen Besatzung in Vichy und später im Nachkriegsfrankreich zum Tragen kamen.

Coutrot starb auf rätselhafte Weise zu Beginn des Vichy-Regimes. War es Selbstmord? Sein Tod im besetzten Frankreich ließ die Vermutung aufkommen, die Synarchie habe weit mehr Bedeutung und Einfluss besessen, als man gemeinhin dachte. Tatsächlich hatte Coutrot alle Züge einer grauen Eminenz, und sein «Mouvement synarchique d'Empire» die einer Tarnorganisation.

Ich selbst würde dazu tendieren, wie bei der Artillerie einen Platz dazwischen einzunehmen. Die Synarchie war nicht nur ein Club von Sonderlingen aus der Freimaurerei, die sich auf die Ideen von Saint-Yves d'Alveydre beriefen. Sie war auch keine allmächtige Bewegung. Sie stieß vielmehr auf andere, sehr viel entschlossenere Bewegungen wie den rechtsradikalen Geheimbund *La Cagoule,* dessen Mitglieder, Anhänger der Diktatur, viel traditionalistischer, patriotischer und aktiver waren, während die Synarchisten, wie später Jean Monnet, der durch sie beeinflusst wurde, von einer deutsch-französischen Versöhnung träumten, die das Fundament eines neuen Europas bilden sollte, das natürlich hierarchisch gegliedert sein würde, jedoch ohne Gewalt und ohne Diktatur.

Einige Synarchisten waren Minister in der Vichy-Regierung, aber es waren nicht unbedingt die extremsten. Andere haben zu jener Zeit keine große Rolle in der Politik gespielt. Die genauen Umstände sind nicht näher bekannt, da die ehemaligen Synarchisten in Anbetracht des schrecklichen Rufs der *Cagoule* aus Furcht, mit ihren Rivalen verwechselt zu werden, unablässig schon die bloße Existenz ihrer Bewegung abstritten.

Dennoch hat es diese Bewegung gegeben, und sie hatte einen esoterischen Flügel, der sich auf Saint-Yves d'Alveydre berief, aber das war nur ein Köder. Georges Monti war, in Verbindung mit italienischen Geheimdiensten, einer der Begründer dieses Flügels. Wie alle diskreten Gesellschaften, von denen es gegen Ende der Dritten Republik nur so wimmelte, warb die Bewegung zu einem bestimmten Zeitpunkt junge Leute an. In diese Zeit fällt die Begegnung von Pierre Plantard und Monti. Plantard war ein junger Mann der extremen Rechten, der einen Lebensinhalt suchte. Unabhängig von den großen Organisationen, denen er schnell den Rücken gekehrt hatte, schuf er seine eigene Bewegung: Alpha Galates. Angesichts der Faszination, die die Freimaurerei immer auf Plantard ausgeübt hat – eine Faszination, die mit Abneigung gemischt war, da er offensichtlich katholischer Fundamentalist blieb –, ist es allerdings gut möglich, dass die Synarchie der Nährboden war, auf dem die Geschichte von Rennes-le-Château gedieh.

Aus dem Umfeld von Monti, der nicht nur Plantard, sondern auch andere junge Menschen manipuliert hat, und aus der Alpha-Galates-Bewegung, in der eine Reihe von Leuten zusammenkamen, die der Synarchie und einer fehlgeleiteten Freimaurer-Esoterik anhingen, wurde uns jedenfalls ein Teil des ideologischen Schatzes von Rennes-le-Château übermittelt.

Was genau wurde übermittelt? Wahrscheinlich nicht mehr, als das, was ein Maurice Leblanc oder ein Jules Verne darüber wussten. Aber es gab eine Reihe von Übereinstimmungen, von Überschneidungen, die der junge Plantard fasziniert aufgenommen und mit dem ihm eigenen Talent zu einem zweiten Roman verarbeitet hat, so dass in den fünfziger Jahren die Affäre Rennes-le-Château daraus hervorgehen konnte. Damals begannen die Einwohner von Rennes-le-Château zu erzählen, und einige Lokalreporter interessierten sich dafür. Plantard wusste bereits mehr als alle anderen, besonders über die historisch-philosophische Bedeutung des Razès, über die Schätze, die es dort unter Umständen geben könnte, über Saint-Sulpice und die verdunkelte Existenz von Geheimgesellschaften, die er in einem Geniestreich unter der modernen Bezeichnung Prieuré de Sion zusammenfasste, ein Name, den er zweifellos dem metaphorischen Bericht von Maurice Barrès entnommen hat.

Die «Großmeister-Liste» der Prieuré seit dem Mittelalter – die Leigh, Baigent und Lincoln ans Licht gebracht haben, während Gérard de Sède offenbar keine Kenntnis von ihr hatte – scheint ebenso wie die Ausweitung dieser Geheimgesellschaft auf halb Europa ein Machwerk von Plantard gewesen zu sein, und falls doch nicht, dürfte Georges Monti im Verbund mit anderen Gruppen dahinter stecken. Doch keines dieser Geheimnisse führt meiner Meinung nach zu einer vernünftigen Argumentation oder einer zusammenhängenden Erzählung. Deshalb muss man diese Leistung Plantard zuschreiben: Ausgehend von den zahlreichen Hinweisen, über die in okkultistischen Kreisen geredet wurde, und von den Enthüllungen, die Bérenger Saunière von seinem Besuch des Priesterseminars Saint-Sulpice 1886 und 1887 mitgebracht hatte, erarbeitete Plantard eine Geschichte, die ihm politische Bedeutung und eine gewisse metaphysische Aura geben sollte. Das war das eigentliche Ziel Plantards, dem es jedoch nie wirklich gelungen ist, eine eigene Sekte zu gründen.

Es ist eine Ironie der Geschichte, dass der größte Schwindel dieses Mannes zum Beweis der Authentizität seiner Kenntnisse wurde. Unser Merowinger-Mystagoge fütterte mit seiner vollständigen «Liste aller Großmeister der Prieuré de Sion» die Neugier der drei angelsächsischen Autoren, durch die die Liste seit Ende der siebziger Jahre bekannt wurde. Die Liste gibt vor, sämtliche Großmeister der Prieuré de Sion seit dem 12. Jahrhundert aufzuführen, also seit der «Spaltung der Ulme von Gisors» – als sich die Geheimgesellschaft teilweise vom Templerorden getrennt haben soll.

Die Gliederung der Liste in fünf Epochen grenzt ans Unverständliche: eine Epoche der Feudalzeit und des Hochadels, eine Epoche von Esoterikern und Eingeweihten, eine der Rosenkreuzer, eine der Freimaurer und Familiendynastien und eine letzte, die auf der Rückkehr nach Frankreich und einem vollständigen Laizismus gründet. Auf dieser schier unglaublichen Liste finden sich Cocteau, Debussy, der große Physiker Robert Boyle, Botticelli, Leonardo da Vinci, der Konnetabel von Frankreich, Johann Valentin Andreae, Nicolas Flamel, René von Anjou und so weiter. Ohne diese angebliche spirituelle Ahnenfolge für bare Münze zu nehmen, lässt sich ihr doch auf metaphorischer Ebene eine Marschroute entnehmen, die nicht uninteressant ist. Wenngleich weniger gelehrt als eine Frances Yates, weiß Plantard immerhin, dass die Anfänge der Rosenkreuzer in der Zeit der Religionskriege liegen, denn er zieht eine Verbindung zwischen dieser Geheimgesellschaft und elisabethanischen Okkultisten, einem Gelehrten und Meisterspion, Giordano Bruno, und einigen adeligen Familien wie der Luigi Gonzagas. Ebenso bemerkenswert sind die Verbindungslinien, die er zwischen Nicolas Flamel, René von Anjou, dem Kreis um Jeanne d'Arc und dem ästhetisch-philosophischen Zentrum der italienischen Hochrenaissance zieht. Und schon seine erste mittelalterliche Genealogie dreht sich um drei Zentren in der Normandie (Gisors), in Lothringen (der Hügel von Sion) und in Südfrankreich (Rennes-le-Château).

Sicher, die fünf Epochen dieser Liste der Großmeister greifen nicht richtig ineinander. Und die letzte, die französische, ist reine Fantasie. Die ganze Pseudo-Genealogie ist so zusammengestellt, dass aus dem Magma einige entscheidende Namen auftauchen, die auf das tatsächliche Geheimnis des Razès hindeuten: Nicolas Flamel und seine alchemistischen Schätze, René von Anjou, die Rosenkreuzer, vor allem die Ahnherren des Rektifizierten Schottischen Ritus, die englischen Rosenkreuzer aus dem Lager der Stuarts, und schließlich ein Klüngel metaphysischer Autoren in Frankreich. Dieses Monument vorgetäuschter Gelehrsamkeit umreißt sehr zutreffend Plantards wahre Persönlichkeit: Er ist erfinderisch, lügt, ist sich dessen bewusst und immer gut informiert über bestimmte esoterische und zuweilen auch historische Herausforderungen.

Der Zufall hatte es gewollt, dass dieser Katholik, Rechtsextremist und Monarchist sein Publikum zuletzt nicht in den aus der Action française hervorgegangenen Kreisen fand, die seinen Haupteinflussbereich bildeten, sondern in antiklerikalen, sehr viel originelleren und sogar viel antichristlicheren Kreisen, als er es sich je ausgemalt hatte.

Es ist überhaupt nicht notwendig, an diesem Punkt zum Anbeginn der Welt oder zum Ägypten der Pharaonen zurückzugehen, wie Leigh, Baigent und Lincoln es tun, ja, nicht einmal bis zum Palästina in der Zeit Jesu oder in die Zeit der Templer und der Kreuzzüge. Es genügt, sich vor Ort zu begeben und sich Klarheit darüber zu verschaffen, was in der Region des Razès geschehen sein konnte und was davon uns durch zwei große Schwindler – durch Saunière und Plantard – überliefert wurde, die, wie man sehen wird, eigentlich nur halbe Schwindler sind.

Interessanterweise kommt der im Süden des Departements Aude gelegenen Region Razès seit dem 17. Jahrhundert eine einzigartige Bedeutung zu. Das liegt an einem einzigen Mann, dessen Rolle in der französischen Geschichte nicht zu unterschätzen ist: Nicolas Pavillon, der Bischof von Alet, einer nur wenige Kilometer von Rennes-le-Château entfernten Kleinstadt, die zur Zeit der Kreuzzüge gegen die Albingenser gegründet wurde und noch im 17. Jahrhundert das kleinste Bistum Frankreichs und ganz Westeuropas war (später wurde es von Napoleon aufgelöst und Carcassonne angegliedert).

Nicolas Pavillon war eng verbunden mit Saint-Sulpice und steht zweifellos im Zentrum des Rätsels. Dass man Bérenger Saunière nach der Entdeckung der Schriftstücke auf Saint-Sulpice verwies, war insofern kein Zufall. Im Roman von Dan Brown liegt dort das Geheimnis, dort tötet der vom Opus Dei gesandte Mörder eine arme Nonne, die zuviel wusste und dort offenbar ihren Glauben mit ihrer Heterodoxie in Einklang brachte. Doch Saint-Sulpice erscheint bereits in der Biographie von Nicolas Pavillon, dem Bischof von Alet.

Auf den Spuren von Pavillon begegnet man Abbé Bigou, dem letzten Pfarrer von Rennes-le-Château vor der Französischen Revolution, der die falsche Grabplatte mit der verschlüsselten Inschrift Marie de Nègre d'Ables setzte, bevor er nach Spanien emigrierte. Seit Bigou können wir die Abfolge der Priester im Razès rekonstruieren. An ihrem Ende stehen Boudet, der Pfarrer von Rennes-les-Bains, und Gelis, der auf grauenhafte Weise ermordete Pfarrer von Coustaussa. Beide zählen mit Sicherheit zu denjenigen, die Saunière zu seinen Grabungen angeregt haben.

Die undurchsichtige Geschichte nimmt also tatsächlich mit Nicolas Pavillon Gestalt an. Pavillon ist allen Religionshistorikern des 17. Jahrhunderts als Initiator und Empfänger von Pascals *Briefen in die Provinz* bekannt, in denen Pascal gegen den Einfluss der Jesuiten auf die französische Kirche und ihre in seinen Augen moralisch laxe und fehlerhafte Auffassung Position bezog. Nicolas Pavillon war einer der führenden Köpfe der damals aufkommenden Gnadenlehre des Jansenismus, jenem Zweig des französischen Katholizismus, der sich dem in Frankreich im Niedergang befindlichen Protestantismus immer mehr annäherte. Der Jansenismus lehnte die Theologie der Jesuiten, die Theologie der guten Werke, ab und setzte an deren Stelle, wie Luther und Calvin, die zentrale Rolle der Gnade. Dadurch hielt ein Hauch von Puritanismus und Strenge Einzug in die katholische Kultur Frankreichs, der an die reformierte Kirche erinnert – die der Jansenismus eigentlich bekämpfte. So wurde er vom ausgehenden 17. Jahrhundert an ein Auffangbecken für alle Arten von Opposition gegen die absolute Monarchie.

Es ist keine Fehleinschätzung, im französischen Jansenismus eine der Strömungen zu sehen, aus denen die französische Linke hervorgegangen ist. Im Übrigen brachte der Jansenismus einige der bedeutendsten Persönlichkeiten der Revolution hervor: den Anwalt Mounier aus Grenoble, dessen lebendiges Porträt uns Stendhal in *Das Leben des Henry Brulard* hinterlassen hat; Armand-Gaston Camus, den Generalanwalt des Klerus, selbst Laie, der die Erklärung der Menschenrechte mitverfasste und später das französische Nationalarchiv gründete; oder auch Abbé Grégoire, Mitglied der Verfassunggebenden Versammlung, dann des Konvents, Königsmörder und auf die republikanische Verfassung vereidigter Bischof, der für die Gleichstellung der Juden und die Abschaffung der Sklaverei eintrat.

Kurz, der Jansenismus zieht sich wie ein roter Faden durch das nonkonformistische Denken der Zeit zwischen dem beginnenden 17. und dem ausgehenden 18. Jahrhundert. Er war antiklerikal und blieb doch zugleich zutiefst christlich. Im 18. Jahrhundert suchte er sogar nach einer Verständigung mit der anglikanischen Kirche, die ebenfalls zwischen Katholizismus und Protestantismus stand, und machte dabei Saint-Sulpice in Paris und Saint Paul's Cathedral in London zu den beiden ideellen Pfeilern eines unabhängigen Christentums, das sich gegen den Petersdom in Rom erheben sollte.

Der nonkonformistische Jansenismus ist durch die wenig bekannte Gestalt Nicolas Pavillons direkt mit den Geheimnissen von Rennes-le-Château verbunden. Durch ihn – und einige andere, denen wir im Folgenden begegnen werden – können wir herausfinden, ob Dan Brown auf dem richtigen Weg war, oder ob wir, im Gegenteil, einen anderen einschlagen und bei aller Bewunderung für die Geheimnisse versuchen müssen, diese mit größerer historischer Zuverlässigkeit zu deuten.

Rosenkreuzer mitten im französischen Jansenismus

Zu Beginn des 17. Jahrhunderts wurde Frankreich von Ludwig XIII. und Kardinal Richelieu regiert, dann übernahm Kardinal Mazarin die Regentschaft, schließlich bestieg Ludwig XIV. den Thron. Die Religionskriege waren noch gegenwärtig, doch Frankreich begann sie abzuschütteln. Seit den Siegen Heinrichs IV. strebten die französischen Könige eine Beendigung der Vormachtstellung des Hauses Österreich in Europa an und stemmten sich gegen die Versuche der Habsburger, Frankreich einzukreisen und zu beherrschen. Die Kaiserlichen, wie sie genannt wurden, regierten in Belgien und überzogen von dort aus die unabhängigen Niederlande immer wieder mit Kriegen, sie herrschten auch jenseits der Pyrenäen in dem mit Portugal vereinten Spanien, und ihr Einflussbereich erstreckte sich über einen großen Teil Italiens ebenso wie über die Franche-Comté und indirekt über das gesamte Rheintal von Straßburg bis Köln, wo sie mit den lothringischen Herzögen und den Fürstbischöfen der Region verbunden waren. Zusammen mit dem österreichischen Teil des Geschlechts beherrschten die Habsburger auch das gesamte katholische Deutschland, das gerade zum Gegenangriff auf den Protestantismus blies. Der Dreißigjährige Krieg, die große Katastrophe der europäischen Geschichte, zeichnete sich am Horizont ab.

In dieser schwierigen und unruhigen Atmosphäre kam unter Ludwig XIII. eine neue katholische Strömung in Frankreich auf, der Jansenismus, von dem bereits die Rede war. Die Bewegung verdankt ihren Namen dem Bischof von Ypres, Jansen oder Jansenius auf Latein, einem Flamen, der sich der Aufgabe einer Wiederevangelisierung, einer Rekatholisierung jenes Teils des heutigen Belgiens gegenübersah, in dem die Reformation tiefe Spuren hinterlassen hatte. Es wird leicht vergessen, aber Antwerpen war das Zentrum des Calvinismus für die gesamten Niederlande. Und erst die Besetzung von Antwerpen und die Vertreibung eines großen Teils seiner Händler durch den Herzog von Alba führten zum Aufstieg von Amsterdam, das inmitten von Dünen und Sümpfen lag, an einem Ort, der unattraktiv genug und von einer feindseligen Natur ausreichend geschützt war, um die Spanier davon abzuhalten, die niederländischen Calvinisten bis dorthin zu verfolgen.

Die weitere Entwicklung ist bekannt: Amsterdam wurde nach Venedig, Lissabon und Antwerpen zum Zentrum des Welthandels, zum Sitz der Niederländischen Westindien-Kompanie, und durch die bedeutenden Gemälde von Frans Hals, Ruysdael und Rembrandt zur Wiege der modernen Malerei.

Flandern war damals tief geprägt von der Reformation, nur die ländlichen Regionen waren der katholischen Kirche treu geblieben. Geistliche, darunter Jansen, begannen, dem Katholizismus wieder den Boden zu bereiten. Dann passierte das, was häufig geschieht, wenn unterschiedliche Vorstellungen aufeinanderstoßen: Die katholischen Geistlichen, die mit dieser Aufgabe befasst waren, wurden vom Protestantismus beeinflusst, den sie bekämpften, und sie versuchten, von ihm zu übernehmen, was ihnen richtig erschien. Der römische Katholizismus konnte ihrer Meinung nach nur dann wieder die Oberhand gewinnen, wenn er sich einen Teil der protestantischen Kritik zu Eigen machte. In einem Punkt erwies sich der Jansenismus deutlich näher am Protestantismus als die anderen katholischen Orden und Doktrinen. Er übernahm die Auffassung, die die Päpste seit dem Konzil von Trient vertreten, dass am Anfang der christlichen Erlösung die Gnade steht, und nicht die guten Werke.

Damit kam eine radikale Gegenbewegung zu den Jesuiten auf, die den Gedanken der Erlösung an das Verhalten des Einzelnen knüpften und sich dabei auf den Jakobusbrief beriefen. Ihre Lehre von den guten Werken konnte lachhafte Seiten haben wie den Generalablass, den man gewinnt, wenn man an Ostern in Rom die Scala Santa auf den Knien erklimmt. Aber sie zeitigte auch positive Effekte, wie zum Beispiel die Würdigung der konkreten Taten im alltäglichen Leben und die ständige Prüfung des Gewissens durch die häufige Kommunion und Beichte, die man als eine Vorläuferin der Psychoanalyse betrachten kann – und wenn nicht der Psychoanalyse, die vom Judentum Freuds stark geprägt ist, dann zumindest jener verfeinerten psychologischen Einfühlungskraft, die wie ein roter Faden die gesamte französische Literatur des 17. Jahrhunderts durchzieht.

Die Auseinandersetzung war vielschichtig, und da sie immer politischer wurde, weitete sie sich während der Regierungszeit Ludwigs XIII. aus. Auch wenn die Jesuiten alles taten, um dem französischen Hof treu zu bleiben (in der Pariser Bevölkerung wurden Beschuldigungen laut, sie hätten die Ermordung Heinrichs IV. betrieben), zeigten sie sich den Interessen Roms eng verbunden und unterstützten im Interesse eines einheitlichen katholischen Europas ein dauerhaftes strategisches Bündnis zwischen Frankreich und Spanien und kämpften für eine allmähliche Rücknahme des Toleranzedikts von Nantes. Dieses sicherte den Protestanten im Königreich Frankreich seit 1598 volle Bürgerrechte und freie Religionsausübung zu, einschließlich der militärischen Verteidigung ihrer *Places de sûreté,* also jener Städte, die im August 1597 protestantisch waren und die über gute Verbindungen zur Stadt Genf verfügten, die außerhalb des französischen Territoriums eine Zufluchtsstätte für französische Protestanten war.

Offensichtlich ist der Jansenismus eine Art nachträgliche Rechtfertigung der Haltung Heinrichs IV. und jener Anhänger der absolutistischen Monarchie, die für eine Entkonfessionalisierung des Staats eintraten und in den Religionskriegen als Schlichter auftraten. Worum ging es letzteren, die damals den Beinamen «Partei der Politischen» erhielten, da sie zugleich die spanische Partei und die extreme protestantische Partei bekämpften? Kurz gesagt, wollten sie in Frankreich ein neuartiges Christentum begründen, das katholisch geprägte Gläubige, die am Dogma, an der Hierarchie und an der römischen Liturgie hingen, mit Intellektuellen zusammenbringen sollte, die sich den Grundgedanken des Protestantismus in seinen wesentlichen Aspekten – Erlösung durch Gnade und eine puritanische, an Spiritualität orientierte Lebensführung – zu Eigen gemacht hatten.

So kam es, dass der Jansenismus anfangs als Kraft gegen die spanische Partei, mit der sich die Partei der Jesuiten zusammengeschlossen hatte, von den Obrigkeiten ermutigt und protegiert wurde. Das Drama *Der Cid* von Corneille ist das Paradestück dieser mit Spanien sympathisierenden Literatur, nicht nur aufgrund der Nationalität des Helden, sondern auch durch den sehr zweideutigen und barocken Schluss, in dem ein junger Mann, der den Vater seiner Verlobten im Duell tödlich verletzt hat, diese heiraten kann, weil er die Mauren militärisch besiegt und verjagt hat. Michelet sollte es aussprechen: Während das Schauspiel 1636 in Paris aufgeführt wurde, nahmen spanische Truppen gerade das Kloster Corbie ein. *Der Cid* war also kein solch patriotisches Werk, wie man uns weismachen wollte. Nebenbei gesagt, richtete es sich im Namen unverbrüchlicher Adelstugenden gegen das Verbot des Duells, das Kardinal Richelieu durchsetzen wollte.

Die Jansenisten waren zwar Gegner der spanisch-jesuitischen Partei der Königinmutter Maria von Medici, aber Patrioten. Und in der nächsten Generation wurde Nicolas Pavillon, ein junger Seminarist von Saint-Sulpice – der Wiege des Jansenismus –, eine der wichtigsten Persönlichkeiten der Bewegung, wenngleich sein Ruf nicht an den eines Arnauld, Pascal, Racine oder Philippe de Champaigne heranreicht. Zu Nicolas Pavillon hatte sich kein Vater bekannt, aber jeder, der sein Porträt betrachtet, das im Rathaus von Alet hängt, staunt über seine Ähnlichkeit mit Kardinal Richelieu, der es ihm in seiner Jugend nie an Unterstützung hatte fehlen lassen. Da liegt die Vermutung nahe, der große Kardinal sei der Vater des Theoretikers des Jansenismus gewesen. Ich hüte mich, dem beizupflichten. Doch ich weise darauf hin, dass diese Überzeugung sehr schnell aufkam, noch zu Lebzeiten Nicolas Pavillons, und dass dies vielleicht die Immunität erklärt, die er genoss.

Nicolas Pavillon unterhielt sehr enge Beziehungen zu Blaise Pascal. Er war ein Meinungsführer, eine Art Père Joseph des Jansenismus – sein Einfluss ist vergleichbar mit dem, den der

Kapuziner Père Joseph als Beichtvater für Richelieu hatte. Hier wird unsere Geschichte noch etwas verwickelter. Im Grunde genommen war der Jansenismus «gallikanisch», das heißt, sehr erpicht auf die Unabhängigkeit der französischen Kirche vom Papst. Er war daher nicht sehr einverstanden mit den Versuchen Roms, den katholischen Gnadenbegriff zu erneuern, und sehr misstrauisch gegenüber einer bestimmten Gruppierung, die man später fundamentalistisch nannte und die bestrebt war, in nostalgischer Rückbesinnung auf die Zeit der großen Kathedralen und das Hochmittelalter eine moderne Frömmigkeit einzuführen oder wiederaufleben zu lassen. Die Kirche wurde von der Kongregation der Frommen getragen, deren karitatives Engagement den Jansenisten ein Dorn im Auge war.

Die «Religiöse Partei» («le parti dévot») stützte sich auf eine halb im Untergrund arbeitende Organisation, von denen es in diesem frommen 17. Jahrhundert so viele gab, auf die *Confrérie du Saint-Sacrement* (Bruderschaft vom Heiligen Sakrament). Anfangs handelte es sich um einen Orden von Bußwilligen, die sich der Mildtätigkeit verpflichten hatten. In ihm trat ein außerordentlicher Mann aus den Landes hervor, der Priester Vincent de Paul, der unter Ludwig XIII. nach Paris kam und zusammen mit einer ungewöhnlichen Mitstreiterin aus dem Hochadel, Louise de Marillac, die, wie man später sagte, humanitäre Politik der Kirche revolutionierte: Die Armen rückten in den Mittelpunkt ihres Wirkens, die ersten Hospize wurden gegründet und ausgebaut, die Kirche stellte sich in den Dienst einer Bevölkerung, die unter grauenhaften Bedingungen lebte und deren Elend endlich angeprangert wurde.

Doch dieser glanzvolle Aspekt seines Wirkens, der ihm die Heiligsprechung einbrachte, war nicht die einzige Seite dieses

Mannes. Vincent de Paul und Louise de Marillac waren fromme Katholiken, die zunächst einen Katholizismus vertraten, wie er spanischer nicht sein konnte, doch sie beschränkten sich nicht darauf, das Heil durch die guten Werke zu erlangen, die sie durch ihr Handeln verkörperten, sie befürworteten auch ein Bündnis der katholischen Kräfte Frankreichs und Spaniens gegen die Reformation. Sie traten für eine Erneuerung des katholischen Glaubens ein, gehörten also nicht zu den Kreisen, in denen der Jansenismus intellektuell Fuß gefasst hatte.

Trotzdem geschah etwas Erstaunliches. Die am stärksten nach Spanien ausgerichtete Partei, die «Religiöse Partei», neigte sich nach und nach auf die Seite der neuen Doktrin. Es ist ein historisches Rätsel, das noch nicht vollständig geklärt ist. Wir wissen noch immer nicht, wie es Vincent de Paul gelang, die Partei der Frommen zum französischen Gallikanismus zu bekehren und auf diese Weise eine französische Schule der Spiritualität aus der Taufe zu heben, die nicht nur auf die Gesellschaft des 17. Jahrhunderts, sondern auch auf das Weltbild der französischen Kirche einen beträchtlichen Einfluss ausübte und bis in die Gegenwart ausübt.

Diese französische Schule der Spiritualität war für den Jansenismus mehr oder weniger dasselbe wie der Jansenismus für den Protestantismus. Und wenn der Jansenismus im Namen der Einigkeit der katholischen Kirche eine Art Mittelweg zwischen Katholizismus und Protestantismus beschritt, so zeigte die französische Schule der Spiritualität den Jansenisten, dass es auch eine weniger kompromisslose Form der frommen Werke gab.

Was soll man dazu sagen? Dass sich im Denken Vincent de Pauls etwas verändert hatte, was nicht nur theologischer Natur war, sondern vielleicht eine innere Revolution bedeutete. Hier beginnt die Legende von Vincent de Paul. Laut seiner

Autobiographie war er als junger Priester bei einem Aufenthalt in Marseille von Sarazenenpiraten, die vor der Küste kreuzten, auf einer Galeere nach Tunis verschleppt und dort als Sklave an einen reichen Moslem verkauft worden. Dieser muss ein Sufi gewesen sein, denn er führte ihn in die Geheimnisse der Alchemie ein und ließ ihm mit der Zeit immer mehr Freiheiten, die Vincent nutzte, um mit einem Boot zu fliehen und in die christliche Welt zurückzukehren. Anschließend ging «Monsieur Vincent» wieder seiner kirchlichen Sendung nach.

Diese erbauliche Lebensgeschichte findet man in zahlreichen Büchern, die dem großen Heiligen gewidmet sind, nicht aber im französischen Wörterbuch der katholischen Theologie *(Dictionnaire de Théologie catholique)*, das so tut, als begänne das Leben Vincent de Pauls mit seiner Rückkehr nach Frankreich, also jenen verworrenen Lebensabschnitt mit implizit missbilligendem Schweigen übergeht. Das Schweigen hat seine Ursache in den zahlreichen Angriffen und Verleumdungen, mit denen sich rivalisierende religiöse Kräfte über Vincent de Paul hermachten. Der berühmteste Angriff dieser Art findet sich in Molières Komödie *Scapins Schelmenstreiche*, in der Geronte Scapin ständig fragt: «Was Teufel hatte er aber auch auf dieser Galeere zu suchen!» (2. Aufzug, 7. Szene), was beim damaligen Publikum jedes Mal Gelächter hervorrief, da es die Stichelei genau verstand. Auch heute lacht man noch über die fortwährende Wiederholung, ohne ihren wahren Hintergrund zu kennen. Doch als das Stück in Versailles aufgeführt wurde, gefiel es jedem, hinter vorgehaltener Hand über den Helden der «Religiösen Partei» zu lachen, der mit seiner abenteuerlichen Geschichte auf die Leichtgläubigkeit seiner Leser baute.

Seit dem 17. Jahrhundert verbreitete sich die Vorstellung,

Vincent de Pauls Bericht sei lediglich eine allegorische Schilderung. Der Turm der Alchemie sei nur eine Anspielung auf die Zeit, in der Vincent sich Hals über Kopf in das Studium der Alchemie gestürzt und unter Geheimgesellschaften verkehrt hatte, die von Rom abgelehnt wurden. Nach einer langen Pilgerschaft als Büßer sei Vincent schließlich in den rechten Hafen zurückgekehrt, habe einen religiösen Orden gegründet und sich wieder der Hauptströmung der Kirche angeschlossen. Der gesamte Bericht über sein Leben in Nordafrika gehe auf das Konto der Allegorie.

Sollte das zutreffen, würde Vincent de Pauls Sinneswandel bedeuten, dass er über eine Art christliche Esoterik mit alchemistischen Grundlagen, deren Ursprünge wahrscheinlich ziemlich antikatholisch waren, zur katholischen Doktrin gefunden hätte und schließlich ein Meister darin geworden wäre, jenes Gleichgewicht zwischen Glauben und Werken zu schaffen, nach dem der Jansenismus noch immer suchte. Plötzlich unterscheidet sich Vincent de Pauls Katholizismus von der «spanischen» Partei, der ultrakatholischen Partei des französischen Hochadels, die gegen den Absolutismus aufbegehrte. Dennoch ist sein Werk zu einem der Grundelemente des dritten theologischen Weges geworden, der das religiöse Denken und die Politik im Frankreich des 17. Jahrhunderts bestimmte.

Zu diesem dritten Weg gehört noch eine andere historische Persönlichkeit, die vor allem aus der Kunstgeschichte nicht mehr wegzudenken ist: der Maler Nicolas Poussin. Es ist bekannt, dass Poussin Zeit seines Lebens mit geheimen oder diskreten Gesellschaften in Verbindungen stand, deren Zahl sich seit der italienischen Renaissance unter dem schützenden Aushängeschild der Akademien vervielfacht hatte. Seine Aufenthalte in Florenz und in Rom, wo er die meiste Zeit seines

Lebens verbrachte, sieht man von einem Besuch in Paris ab, bei dem er Nicolas Fouquet, dem Finanzminister Ludwigs XIV., begegnete, bezeugen den «rebellischen» Geist Nicolas Poussins und seine Entschlossenheit, seinen eigenen Weg zu gehen. Und der Weg dieses auf einem Jesuitenkolleg erzogenen Künstlers protestantischer Herkunft war nicht sehr weit entfernt von dem Vincent de Pauls.

Manche Werke Poussins haben einen offenkundigen esoterischen Inhalt. Zum Beispiel das berühmte Gemälde *Orion aveugle,* das Claude Simon faszinierte: Es stellt den blinden Riesen Orion dar, der von einer kleinen Gestalt durch einen Märchenwald geführt wird, die auf seinem Rücken sitzt, ihm die Hindernisse zeigt und ihn antreibt. Sollen Riese und Zwerg die katholische Kirche und eine Geheimgesellschaft sein, die hellsichtiger ist als die Kirche? Das ist eine der möglichen Lesarten. Natürlich gibt es auch andere.

Vincent de Paul und Nicolas Poussin fanden sehr früh Eingang in die Erzählungen von Rennes-le-Château und spielten eine wichtige Rolle bei der Neuorientierung des französischen Katholizismus. Zu guter Letzt war Nicolas Pavillon noch mit einer dritten großen Persönlichkeit verbunden, mit einem Schüler von Vincent de Paul, dem Pfarrer Jean-Jacques Olier, einem überzeugten und im Hintergrund wirkenden Jansenisten, dem Gründer des modernen Priesterseminars von Saint-Sulpice. Wegen ihrer erhabenen Architektur und ihres Klassizismus – den man zu Unrecht «sulpizianisch» genannt hat – zählt die neue Basilika von Saint-Sulpice zu den großen Kathedralen des Abendlands, die sich in die Höhe reckt, als wollte sie das kurz zuvor von Bernini fertiggestellte architektonische Wunderwerk des Petersdoms in Rom übertreffen.

Zu einem Zeitpunkt, als in Rom eine jesuitische Ästhetik triumphierte, die in einer neoklassischen, für die Sinnestäuschung («trompe-l'oeil») und den römischen Monumentalstil aufgeschlossenen Architektur gipfelte, entschieden sich Frankreich und England für zwei Basiliken, die zwar dem neoklassischen Stil entsprechen, durch ihre Strenge aber auf feinsinnige Weise ein Gegenmodell zum Großbauwerk des 17. Jahrhunderts darstellen, das ihnen gegenübertrat. In Paris ist es Saint-Sulpice, das unvollendet gebliebende Gotteshaus des Gallikanismus, in London die anglikanische Saint Paul's Cathedral, die trotz der religiösen Zweifel ihres Baumeisters, Sir Christopher Wren, zum geballten Ausdruck des anglikanischen Glaubens wurde, der ebenfalls den Gegensatz zwischen Katholiken und Protestanten überwand.

Nicolas Pavillon war kein Mann, der sich alles gefallen ließ. Er gehörte all den gallikanischen Strömungen an, die den Absolutismus Ludwigs XIV. ablehnten. Nachdem er in Ungnade gefallen war, weil er Pascal zu den *Briefen in die Provinz* angeregt hatte, vollzog er einen radikalen Bruch. Richelieu, heißt es, habe das Bischofsamt von Luçon übernommen, um Prälat zu werden, obwohl es «der allerletzte» Bischofssitz in ganz Frankreich war. Als wollte er Richelieu noch überbieten, wählte Nicolas Pavillon das kleinste Bistum, das von Alet, um sich endgültig zu verabschieden und dort sein «Exil» auf sich zu nehmen. Tatsächlich leitete er mitten im Razès Reformen des Gottesdienstes ein, denen er gerne in der gesamten Kirche Frankreichs zum Durchbruch verholfen hätte. Deshalb beobachtete Rom mit kleinlicher Aufmerksamkeit jeden seiner Schritte. Fernab der großen Welt und des Versailler Hofs konnte er im «Labor» des Razès frei experimentieren. Die Anweisungen, die er den Priestern seiner Diözese gab, die von ihm durchgeführte Reform der Liturgie und die Diözesanverwaltung brachten ihm ernste Ermahnungen ein, doch niemand wagte es je, ihm sein Bischofsamt zu entziehen. Er starb dort und hinterließ ein Werk, das zwar viel bescheidener war als das seines Schülers und Freundes Jean-Jacques Olier in Saint-Sulpice und das außerhalb der philosophischen Debatten entstanden war, an denen er anders als Blaise Pascal nicht teilnehmen konnte, dennoch können wir sein Werk als Ergänzung zu dem Pascals und Oliers begreifen.

Die Kehrtwendung der *Confrérie du Saint-Sacrement*, der vorläufige Sieg der gallikanischen Thesen, der Erfolg des Priesterseminars von Saint-Sulpice scheinen auf merkwürdige Weise eng mit dem Geheimnis des Razès verknüpft zu sein. Was mag wohl den Mythos hervorgebracht haben, der sich um den Razès rankt, was verlieh ihm solche Kraft, dass die Legende während der folgenden Jahrhunderte in immer neuen Wellen wieder auftauchte, bis Dan Brown das Abschlussfeuerwerk zündete?

Das Wissen der Rosenkreuzer

Wir haben über Nicolas Pavillon berichtet und dabei das Gefühl gehabt, Boden unter die Füße zu bekommen. Ist das nicht ein wenig vermessen? Letztlich kann man die Werke von Nicolas Pavillon an einer Hand abzählen. Seine Rolle im Umfeld Blaise Pascals ist allenfalls Literaturhistorikern bekannt. Vielleicht misst man seinen Ideen und den Maßnahmen zur Neuordnung seiner Diözese zu viel Bedeutung bei.

Doch wir wollen im Verständnis der mysteriösen Vorgänge im Razès vorankommen und stellen fest, dass Nicolas Pavillon ungeachtet seines so fernen Bischofssitzes weiterhin von der Staatsmacht beobachtet wurde, auf alle Fälle aber Rom vor erhebliche Probleme stellte, denn die Kirche wirkte fortwährend auf die Regierung von Frankreich ein, damit sie seinen Handlungsspielraum und Einfluss begrenzte. Irgendetwas muss da vorgefallen sein.

Dieses Irgendetwas muss in seiner Diözese und in den Gemälden von Nicolas Poussin zu finden sein. Tatsächlich erwähnte Abbé Louis Fouquet, kurz bevor er in Ungnade fiel, in einem Brief an seinen Bruder, Finanzminister Nicolas Fouquet, ein Bild, das Poussin gemalt habe und das denjenigen unermessliche Reichtümer brächte, die es verstünden, sich seiner zu bedienen. Es handelt sich um eines der berühmtesten Gemälde in der Geschichte der Malerei: *Die Hirten von Arkadien.* Dieses Gemälde Poussins haben Pierre Plantard und seine Anhänger ins Zentrum des Rätsels von Rennes-le-Château gerückt, und offenbar wussten sie genau, wovon sie sprachen.

Poussin, Fouquet, Pavillon, Pascal stehen im Brennpunkt der historischen Ereignisse des 17. Jahrhunderts. Man muss sich fragen, ob nicht der unwillkommene Briefwechsel mit seinem Bruder den plötzlichen Sturz Nicolas Fouquets auf die eine oder andere Weise eingeleitet hat. Unter Geheimbündlern wurde überliefert, *Die Hirten von Arkadien* zeige ein Abbild der Landschaft von Rennes-le-Château oder, genauer gesagt, eine Stelle unterhalb des Ortes an der Grenze zu den beiden Nachbargemeinden, die uns im Hintergrund den Blick auf den Razès freigibt, auf die Ausläufer der Pyrenäen und das unvergleichliche Licht der Corbières. Das Gemälde erzählt von der Rast dreier Hirten. Einer von ihnen hat seinen Fuß auf eine Grabstele mit einer lateinischen Inschrift gesetzt: *et in Arcadia ego* («auch ich (bin) in Arkadien») – ein geheimnisvolles Motiv, das unterschiedlich verstanden werden kann. Nach der Legende von Rennes-le-Château soll es jedoch eine direkte Anspielung auf die Existenz einer Geheimgesellschaft und eines Mysteriums sein, die ihre dunklen Schatten über die Region werfen.

Man kann den Zusammenhang zwischen Rennes-le-Château und dem Arkadien Poussins bestreiten, denn es gibt keine Dokumente, die ihn belegen. Das hieße aber, zahlreiche Ähnlichkeiten zu übergehen. Wie viele Esoteriker kann man versuchen, eine heilige Geometrie in das Bild hineinzuinterpretieren und darin nicht nur Übereinstimmungen mit Sternbildern, sondern auch mit vergrabenen Schätzen sehen.

Das «Les Pontils» genannte Gelände, das auf Poussins Gemälde angeblich wiedergegeben ist, liegt nicht weit entfernt von einem Anwesen, das sich in den zwanziger Jahren in Besitz eines Amerikaners, Louis B. Lawrence, befand, der es für angebracht hielt, dort einen Betonaltar zu errichten, der haargenau jener Grabstele mit Inschrift glich, die wir auf dem Gemälde *Die Hirten von Arkadien* sehen. Lange Verhandlungen und Diskussionen mit den Nachbarn verzögerten die Fertigstellung des Monuments. Nach den Myriaden von Veröffentlichungen, die dem Geheimnis von Rennes gewidmet waren, wurde das sogenannte «Grab» bei Les Pontils zwischen 1970 und 1980 ein solcher Anziehungspunkt, dass sein neuer Besitzer es schließlich abreißen ließ. Die Landschaft bei Les Pontils könnte durchaus jene Landschaft sein, die Poussin gemalt hat. Genau genommen liegen die Stele bei Les Pontils und der Ausblick auf die Corbières und die Pyrenäen, die im Hintergrund des Poussin-Gemäldes zu sehen sind, auf dem Gebiet der Nachbargemeinde Arques – von *arx,* lateinisch: Festung –, wo es ein Schloss mit einer alchemistischen Tradition gibt. *Arkadien* wäre demnach ein Wortspiel und würde auf das Land von Arques hinweisen, jenes besondere Lehen, aus dem Rennes-le-Château hervorgegangen war und das sich angeblich durch Schätze oder durch Relikte der Vergangenheit auszeichnete, deren historische Bedeutung bis dahin verkannt wurde.

Angenommen, das alles würde stimmen, welchen Vorteil hätte Fouquet aus einem Gemälde Poussins ziehen können, das an die Bedeutung einer Region erinnert, die Nicolas Pavillon für ein Bischofsamt ins Auge fasste? Ein dynastischer Gebietsanspruch ist ausgeschlossen. Wir haben schon dargelegt, wie unwahrscheinlich eine Rückkehr der Merowinger ist. Den rebellischen Geistern des 17. Jahrhunderts spukten allerdings viele solcher Geschichten im Kopf herum. Man setzte das Geschlecht der Merowinger an die erste Stelle, an die zweite die Karolinger, und dann erst die Kapetinger. Wie so oft handelte es sich um Metaphern oder Allegorien, und wie bei Scapins Galeere wurde hinter vorgehaltener Hand gelacht. Während des ganzen 17. Jahrhunderts wurde über die wahre Abstammung Ludwigs XIV. gespottet. Offiziell will man uns darauf einschwören, Ludwig XIII., dessen Homosexualität allseits bekannt war, habe seine Gattin in einer Sturmnacht im biblischen Sinne «erkannt», und daraus sei neun Monate später, quasi durch ein Wunder, Ludwig XIV. hervorgegangen. Das ist natürlich nicht leicht zu glauben. Das Problem seiner unehelichen Herkunft hat Ludwig XIV., wie wir alle wissen, sein Leben lang gequält, aus diesem Grund behandelte er seine unehelichen und seine legitimen Kinder gleichrangig. Bei seinem Tod musste das «Parlement de Paris» eingreifen, um ein entsprechendes Edikt aufzuheben, das der König unter Missachtung der französischen Gesetze erlassen hatte.

Wir wissen auch, wie nahe Ludwig XIV. Kardinal Mazarin stand, und dass Mazarin und Anna von Österreich während der Fronde ein Paar bildeten, das eher einer Familie glich, die ihr bedrohtes Kind verteidigt, als einem politischen Bündnis. Mazarin hegte für Ludwig XIV. jedenfalls väterliche Gefühle. Man ahnt auch, dass etwas von diesem Rätsel in die Geschichte der Eisernen Maske eingeflossen ist, dem mutmaßlichen Zwillingsbruder des Königs.

Der Eifer, den die Verfasser von Schmähschriften an den Tag legten, die die Existenz eines Merowinger-Erben behaupteten, kann freilich für einige Familien der Fronde, die ihre Angriffe gegen Ludwig XIV. richteten, eine Verschleierungstaktik für ihre Kritik an der Legitimität des Königs gewesen sein. Der Merowingermythos stammt aus jener Zeit, in der Maskeraden und Sticheleien ein Ersatz für freies politisches Handeln waren. Wenn man aus den Lothringer Guisen echte Abkömmlinge der Merowinger machte, bestätigte man nachträglich die Legitimität ihres von Spanien unterstützten Anspruchs auf den französischen Thron gegenüber dem Thronanspruch des Bourbonen Heinrich IV. und seiner Nachkommen. Das Bündnis zwischen Guisen und Habsburgern gipfelte im 18. Jahrhundert in der Vereinigung der beiden Familien zum Haus Habsburg-Lothringen, die zu einer mystischen Neubewertung des Heiligtums von Sion-de-Vaudémont auf einem Berg bei Nancy führte.

Fehlte nur noch, dass Nicolas Poussin oder auch Nicolas Pavillon für die Fronde und gegen den König Partei ergriffen hätten. Doch alles weist darauf hin, dass dies nicht der Fall war und dass der Jansenismus sich nie in den Dienst einer Politik gestellt hat, wie sie eine Reihe aristokratischer Freidenker betrieb, die eine absolutistische Monarchie ablehnten. Die Arnaulds waren, ganz wie Pascal und Saint-Cyran, Begründer eines politischen Jansenismus, der bei aller Kritik an der Monarchie, am Hof, seinem Tand und seinen Torheiten, einen starken König befürwortete. Hier braucht man also nicht zu suchen.

Vielleicht findet man, wie so oft, die Wahrheit am Ende. Auf die rücksichtsvollen Predigten Nicolas Pavillons folgten die seines Neffen, des Abbé Montfaucon de Villars, von dessen glücklosem Abenteuer uns Voltaire in *Das Zeitalter Ludwigs des XIV.* erzählt. Dieser junge Priester, ein Taugenichts mit dem Hang zum Freidenkertum, veröffentlichte tatsächlich kurz nach dem Tod seines Onkels ein Schlüsselwerk, * in dem der Leser in etliche Geheimnisse einer Geheimgesellschaft eingeweiht wird, die angeblich auf Nicolas Flamel zurückgeht – den großen Alchemisten des 14. und 15. Jahrhunderts. Montfaucon de Villars zweifelt an dessen Behauptung, Silber in Gold verwandelt zu haben, und begründet dies mit der Reise des großen Pariser Alchemisten nach Neapel, wo ihm eine Gruppe kabbalistischer Rabbiner um den geheimnisvollen Sanazar eine Karte übergeben haben soll, auf der in Frankreich vergrabene jüdische Schätze verzeichnet gewesen seien … Tatsache ist, dass der junge Abbé, den das «Parlement de Paris» übrigens wegen eines Mordes verfolgte, den er nicht begangen hatte, auf einer Reise selbst ermordet wurde. Für diesen Mord wurden die Rosenkreuzer verantwortlich gemacht. Als Mitwisser bestimmter Geheimnisse seiner Zeit soll Montfaucon de Villars für seine große Redseligkeit mit dem Leben bezahlt haben.

Sein Buch gibt einen Fingerzeig auf die versteckten Schätze Nicolas Flamels, auf die Initiation Renés von Anjou, auf einige lothringische, normannische und okzitanische Familien, denen die Wahrung und Weitergabe eines Geheimnisses oblag, das die Rosenkreuzer hüteten. Zu Beginn des 17. Jahrhunderts war es offenbar zu einer spirituellen Versöhnung gekommen, die politische Züge trug. Diese vereinigte deutsche Calvinisten aus der Pfalz, die dynastisch mit den schottischen und englischen Stuarts verbunden waren, aufgeklärte, pro-elisabethanische Protestanten in London und die mit dem Jansenis-

* *Nicolas Pierre Henri de Montfaucon de Villars,* Comte De Gabalis ou Entretiens Sur Les Sciences Secrètes, *Paris 1671; dt. Übersetzung,* Graf von Gabalis oder Gespräche über die verborgenen Wissenschaften, *Berlin 1782. (Anm. d. Ü.)*

mus versöhnte «Religiöse Partei» in Paris. Ihr Gefolgsmann soll Finanzminister Nicolas Fouquet gewesen sein, dessen Entmachtung den Bruch mit Ludwig XIV. vollendete. Dieser gab über seinen Finanzminister Colbert bei Molière eine Reihe von Stücken in Auftrag, die gegen die Rosenkreuzer gerichtet waren, *Scapins Schelmenstreiche* etwa oder *Tartuffe,* in denen Vincent de Paul und Nicolas Pavillon für den Bruch verantwortlich gemacht werden ...

Zudem soll es einen Zusammenhang zwischen diesen Geheimnissen und dem Fortbestehen des mittelalterlichen Templerordens geben. Nicht weit von Rennes-les-Bains und Rennes-le-Château befand sich eine Komturei des Templerordens, Le Bézu. Die Templer von Bézu scheinen eine wichtige Rolle gespielt zu haben. Le Bézu war auch eine Zwischenstation der Templer, als diese nach den Massenverhaftungen durch Philipp den Schönen nach Spanien und Portugal flohen.

Früher soll diese Komturei der Templer eine Reihe von Schätzen beherbergt haben, zumindest die Vermächtnisse der von der katholischen Kirche verfolgten Katharer – denn der Templerorden hatte den unglückseligen Verfolgten nach und nach die Türen geöffnet. Die Lehren der Katharer fanden zwar keinen Eingang in den Templerorden, doch die gemeinsame Ablehnung der katholischen Orthodoxie scheint diese Periode der Annäherung in Okzitanien geprägt zu haben.

In dieselbe Zeit fällt die Gründung des Bistums Alet, einer Kleinstadt, deren Name vom lateinischen *electum* (auserwählt) kommt. Alet wurde vermutlich gegen Ende der Antike von Bewohnern Narbonnes gegründet. Die große römische Stadt, Hauptstadt des südlichen Galliens, konnte auf die Dauer weder gegen die vom Lande her einfallenden Westgoten noch gegen die vom Meer aus angreifenden Sarazenen verteidigt werden. Der Plan der Bewohner Narbonnes, sich an den Oberlauf des Aude zurückzuziehen, ist einleuchtend. Auf diese Weise entstand Electum, eine Stadt, die noch heute geheimnisvoll wirkt. Übergehen wir die Behauptung, die jüdische Familie von Nostradamus stamme aus Alet, und konzentrieren uns auf die jüdische Bevölkerung des Ortes. Ihre Zahl war beträchtlich. Die Rue de la Juiverie ist die längste Straße im Dorf, das einen eigenartigen städtischen Charakter bewahrt hat, obwohl die Einwohnerzahl auf wenige Hundert geschrumpft ist. Das könnte darauf hindeuten, dass diese Ortschaft eine ungeahnte Bedeutung hatte.

Seltsam ist, dass Rom nach dem Kreuzzug gegen die Albingenser in Alet ein winziges Bistum errichtet hat. Die kirchlichen Verwaltungsbezirke waren im Mittelalter zwar viel kleiner als heute, doch ein so kleines Bistum war auch damals ungewöhnlich. Warum wurde ein solches Bistum ausgerechnet an einem Ort gegründet, wo weder die Bevölkerungszahl noch bedeutende religiöse Stätten, ja, nicht einmal der Auftrag zur Christianisierung der Region dies erforderlich machten?

Wieder drängen sich dieselben Fragen auf, ohne dass es dafür eine Erklärung gäbe. Mit dieser Gegend muss es etwas Besonderes auf sich haben, sonst träfe man dort nicht immer wieder auf so viele verschiedene interessante Persönlichkeiten. Die Landschaft auf dem Gemälde *Die Hirten von Arkadien* zeigt jedenfalls den Razès, und zwischen Nicolas Poussin und Nicolas Pavillon, dem Ideengeber des Seminars von Saint-Sulpice, hat es mit Sicherheit zahlreiche Verbindungen gegeben, ebenso wie zwischen Poussin und Freidenkern sowie Jansenisten.

Vielleicht bringt es uns weiter, wenn wir untersuchen, wie die Politik der französischen Schule der Spiritualität und der Jansenisten zu jenem entscheidenden Augenblick in der Geschichte Europas ausgesehen hat, in dem eine wichtige Bewegung am Horizont erscheint: die Rosenkreuzer.

Über keine andere rätselhafte Erscheinung des 17. Jahrhunderts wurde mehr geschrieben als über die Rosenkreuzer. 1608 tauchten an den Hauswänden von Paris Anschläge auf, auf denen die Erneuerung einer Bewegung angekündigt wurde, die angeblich seit hundertzwanzig Jahren ruhte und die sich das Rosenkreuz nannte. Ihr Name soll von einem Ritter mit dem deutschen Namen Christian Rosenkreutz stammen, der aus dem Heiligen Land zurückgekehrt war. Sein Tod und seine Grablegung hätten bewirkt, dass die Bewegung bis zum Anfang des 17. Jahrhunderts in einen Dornröschenschlaf versunken gewesen sei. Aus zwei umfangreichen Werken der Rosenkreuzer-Literatur, die aus der Feder eines Arztes und Pfarrers namens Johann Valentin Andreae stammen, geht hervor, dass die Rosenkreuzer ein ziemlich radikales Gegenprogramm zur katholischen Kirche vertraten. Sie gaben vor, die verschiedenen Orthodoxien durch die Beherrschung der Kabbala zu überwinden, die von Andreae mit einer doppelten Inspirationsquelle verbunden wird, einer jüdischen im Zeichen der Rose und einer christlichen im Zeichen des Kreuzes. Die Vermittlung esoterischer Kenntnisse ermöglichte es den Rosenkreuzern, sich über die Grenzen hinwegzusetzen, die damals die Wissenschaften einschränkten.

Die große britische Historikerin Frances Yates hat gezeigt, dass die Rosenkreuzerbewegung gegen Ende des 16. Jahrhunderts als komplexe Verschwörung aus den Religionskriegen heraus entstanden ist. Anfangs erfuhren die Rosenkreuzer Unterstützung durch den Habsburger Kaiser Rudolf, der von Prag aus regierte und sich dem starren Katholizismus seiner spanischen Vettern widersetzte, anschließend genossen sie das Wohlwollen des Heidelberger Pfalzgrafen und Kurfürsten Friedrich III., dem Anführer der reformierten Protestanten während der ersten Jahre des Dreißigjährigen Kriegs. Sodann erreichte die Rosenkreuzerbewegung England, wo sie sich zu einer laizistischen Vereinigung entwickelte, aus der 1660 die Royal Society hervorging, die erste große nationale Akademie der Wissenschaften, die in den folgenden Jahrzehnten das intellektuelle Leben in England bestimmen und zum Modell für wissenschaftliche Akademien auf dem Kontinent werden sollte.

Hier haben wir es mit einer regelrechten Verschachtelung verwandter Geheimgesellschaften zu tun, die eine nach der anderen ans Licht traten und deren Anhänger gegen Ende des 17. und zu Beginn des 18. Jahrhunderts in einem Klima zunehmender Toleranz immer häufiger das Wort ergriffen. Zu den Mitgliedern gehörten Isaak Newton, der Architekt Christopher Wren, der den Wiederaufbau der Saint Paul's Cathedral leitete, aber auch das königliche Observatorium von Greenwich erbaute – an seiner geographischen Lage wurde der Nullmeridian ausgerichtet, der heute noch bei der Angabe der Längengrade üblich ist –, und bedeutende Physiker vom Schlage eines Robert Boyle, des eigentlichen Architekten der Royal Society, die den Endpunkt der Rosenkreuzerbewegung bildete, wie Frances Yates überzeugend darlegen konnte.

Wenngleich Wren eher zu einem moderaten, irenischen Katholizismus tendierte und Newton zu einer Art bibeltreuem, jüdisch geprägtem Urchristentum, sammelten sich in der englischen Rosenkreuzerbewegung doch überwiegend liberale Anglikaner. Auf dem Kontinent, in Deutschland, erwiesen sich die Rosenkreuzer mit ihrem Sprachrohr Johann Valentin Andreae als eine auf die Reformation ausgerichtete Bewegung. Trotzdem war die Rosenkreuzer-Bewegung nicht protestantisch, sondern eine intellektuell unabhängige Bewegung, die ganzheitlicher war und, wie bei Geheimgesellschaften üblich, strengere Regeln hatte als eine politisch-religiöse Partei.

Wenn die Rosenkreuzerbewegung genaugenommen also nicht protestantisch war, wo stand sie dann politisch und theologisch? Ich will mich an dieser Stelle nicht mit den theologischen Debatten der Rosenkreuzer befassen, ebenso wenig mit den Disziplinarmaßnahmen, die sie ihren Anhängern auferlegten, oder mit dem wahrscheinlich recht begrenzten Zulauf, den sie in diesem Zeitraum verzeichnen konnten. Uns interessiert in diesem Zusammenhang an den Rosenkreuzern ihr entschiedener Wille, den Gegensatz zwischen Katholiken und Protestanten zu überwinden und die Macht über die Christenheit wieder in die Hände einer einigen Kirche zu legen, in der verschiedene Riten nebeneinander existieren können. Die Rosenkreuzer zeigten auch ein fortwährendes Interesse an der Weiterentwicklung der Wissenschaften, was man von gewissen Formen des Protestantismus keineswegs behaupten kann.

Kurz, auch wenn die Rosenkreuzerbewegung von Protestanten zur Taufe getragen wurde, war sie doch zuallererst und gestützt auf eine esoterische Auslegung, auf der Suche nach einem Mittelweg des christlichen Humanismus, der durch die Gewalt der Religionskriege daniederlag. Dieser Mittelweg war an die Entwicklung der Wissenschaften geknüpft, an eine zurückhaltende und verträgliche Frömmigkeit. Wir sehen in den Rosenkreuzern den politischen und religiösen Versuch, die gemäßigten Kräfte der Religionskriege zu versammeln, diejenigen, die meinten, die Teilung Europas in Katholiken und Protestanten sowie der Rückfall in die Judenverfolgung habe nur Hass und Zerstörung hervorgebracht. Das Ausmaß dieses Hasses mag man ermessen, wenn man bedenkt, dass die Wirren des Dreißigjährigen Krieges für Deutschland die Wirkung eines Atomschlags hatten: Fast 35 Prozent der Bevölkerung fielen ihnen zum Opfer!

Viele Köpfe haben in dieser intoleranten Zeit nach möglichen Auswegen für diese unversöhnliche und grausame Welt gesucht, die im Übrigen der ersten Hälfte des 20. Jahrhunderts gleicht wie eine Zwillingsschwester.

Der erste Ausweg lag in der Wissenschaft, angefangen bei Giordano Bruno über den Prager Kreis um den dänischen Astronomen Tycho Brahe, der mit dem Segen Kaiser Rudolfs von Habsburg die kopernikanische Wende vollzog, bis hin zu Galileo Galilei. Der zweite in der Rückbesinnung auf die Ursprünge, der Rückkehr zum griechisch-lateinischen Humanismus, aber auch zum hebräischen, und hier besonders zur Kabbala. Der dritte im Entwurf einer von ihrem Fanatismus und ihren theologischen Exzessen befreiten Religion. Es ging einerseits um die Konstitution eines liberalen, unauffällig antilutherischen Protestantismus, den neben einem Francis Bacon in England am besten Johann Valentin Andreae verkörperte. Und andererseits trat ein ebenso liberaler und skeptischer Katholizismus hervor, dessen erste Spuren wir in Venedig finden, wo der Historiker Paolo Sarpi und der mystisch-kabbalistische Philosoph Zorzi (Georg von Venedig) wirkten. In ihren Kreisen bekämpfte man unermüdlich die Allmacht des spanischen Imperiums und den Entwurf einer Gegenreformation, wie sie das Konzil von Trient vorsah und die auf dem Weg zur Wiedervereinigung der europäischen Christenheit alles hinwegfegte, was sich ihr entgegenstellte, und zwar mit Schwert und Blut.

Jenseits der Glaubenslehren waren die politischen Ziele des Jansenismus eindeutig dieselben. Man würde sich kaum wundern, wenn von Saint-Sulpice bis Saint-Paul's in London und der Scuola Grande di San Rocco in Venedig ein scharfsinniger intellektueller Kreis daran gearbeitet hätte, die mehr oder weniger im Verborgenen wirkenden Gesellschaften einander anzunähern, die sich in ihren Anfängen zwar unterschieden, deren gemeinsames Ziel es jedoch war, die Katastrophe abzuwenden, die Europa damals erlitt. So jedenfalls lautet die These von Frances Yates, zu der sie nach Sichtung umfangreicher Text- und Bildzeugnisse gelangte. Und haben wir nicht auch eine Bestätigung für die Ergiebigkeit dieser Erklärung? War nicht der große sowjetische Spion Anthony Blunt, der Freund von Philby, weltweit der größte Fachmann für Poussin? Und ist nicht die Faszination, die eine Geheimgesellschaft des 17. Jahrhunderts, die Rosenkreuzer, auf ein bedeutendes Mitglied einer der wichtigsten Geheimgesellschaften des 20. Jahrhunderts, einen Spion des KGB, ausübte, jener elektrische Funke, der schneller zündet als lange Abhandlungen? Frances Yates, die einzige Forscherin am Londoner Courtauld Institute of Art, arbeitete zeitlebens an der Seite von Blunt und wusste, wie sehr andere ihrer Kollegen von Geheimgesellschaften – hier von sowjetischen – in Versuchung geführt wurden.

Fest steht, dass die Rosenkreuzer in Frankreich mit dem Jansenismus verwandt waren, ebenso wie sie in Venedig und Florenz etwas mit jenem italienischen Katholizismus zu tun hatten, der sich gegen das Konzil von Trient wandte, und in England sehr viel mit einer bestimmten Denkströmung, die mit Shakespeare begann. Man kann diesen Faden bis nach Rennes-le-Château verfolgen, wo die Allgegenwart des Rosenkreuzerzeichens ein Hinweis ist, der zu denken gibt.

In den Komplotten der Neuzeit

Ich höre schon das Gelächter zahlreicher skeptischer Leser. Sie lachen zu Recht. Nehmen wir einmal an, werden sie sagen, die Rosenkreuzer hätten eine Denkrichtung begründet, die zu den Ideen von Toleranz führte, wie sie für Frankreich 1598 mit dem Edikt von Nantes durch Heinrich IV. und für Deutschland im Abstand von einem Jahrzehnt 1609 durch den Majestätsbrief von Kaiser Rudolf II. akzeptiert wurden. Nehmen wir an, all das wäre im Schwange gewesen, und die Rosenkreuzer, die bis dahin nicht mehr als eine Art vorsichtig angedachtes Sammelbecken aller gemäßigten und humanistischen Kräfte auf europäischer Ebene waren, hätten sich am Vorabend des Dreißigjährigen Krieges zu jener Geheimgesellschaft formiert, die in den großen Universitätsstädten, angefangen bei Paris, vor aller Augen Anhänger werben wollte. Nehmen wir an, das alles wäre keine mehr oder weniger fantastische Erzählung.

Nehmen wir ferner an, die Jansenisten wären durch die entstehende Rosenkreuzerbewegung dahingehend beeinflusst worden, dass sie ihrerseits die *Compagnie du Saint-Sacrement* zu einer Art Instrument für die Verbreitung des Gedankenguts der Rosenkreuzer in Frankreich gemacht hätten, um dort eine Bewegung zu schaffen, die sich insgeheim gegen Rom stellte.

Nehmen wir an, dieses intellektuelle Gären wäre verbunden gewesen durch Komplotte um die Thronfolge oder theologische Komplotte, durch Versuche wie in Venedig, die Unabhängigkeit der «Erlauchtesten Republik» gegenüber Spanien zu bewahren, oder wie in Deutschland, den Sieg der kaiserlichen katholischen Partei zu verhindern.

Nehmen wir sogar an, Nicolas Pavillon wäre in seinem frei gewählten Rückzugsgebiet eine der im Verborgenen wirkenden Hauptpersonen dieser Geschichte gewesen …

Was hätte das alles mit dem Razès zu tun? Wodurch hätte diese trostlose Gegend im französischen Königreich eine so wichtige Rolle in jener Konstellation des europäischen Geistes spielen können, die der Aufklärung vorausging und sie in gewisser Weise ankündigte, indem sie das kostbare Vermächtnis des Renaissance-Humanismus weitergab?

Die Antwort hat uns Johann Valentin Andreae gegeben, der uns überzeugen will, dass die Rosenkreuzer viel älter sind, als wir glauben. Er verleiht der allegorischen Vorstellung Ausdruck, ihre wahren Gründer seien längst begraben und der Schlaf dieser Bruderschaft habe bis zu einhundertzwanzig Jahre gedauert, was der Geschichte einen geheimnisvollen und esoterischen Grundton gibt. Man muss Johann Valentin allerdings nicht unbedingt glauben, der im Namen eines ziemlich ausgekochten Kollektivs schrieb und eine blühende Fantasie besaß.

Im Gegenzug heißt es für uns, die Ohren zu spitzen, wenn es um die Herkunft der Bewegung von Christian Rosenkreutz geht. Ritter Rosenkreutz soll sich gegen Ende des 14. Jahrhunderts, nachdem er sein Werk vollbracht hatte, in einer genau bezeichneten Region der europäischen Christenheit in eine bessere Welt verabschiedet haben – nämlich im Südwesten Frankreichs, in Okzitanien. In den Legenden der Rosenkreuzer ist immer wieder von der großen Grafschaft Toulouse, den Pyrenäen und im weitesten Sinne von der Region Okzitanien die Rede. Und so beharrlich, wie diese Überlieferungen immer wieder vom lutherischen Sachsen aus heraufbeschworen wurden, müssen sie von besonderem Interesse sein. Warum, um Himmels Willen, fiel die Wahl auf diese Gegend, um eine Tradition weiterzugeben?

Hier trifft sich der unerklärliche Ehrgeiz eines Nicolas Pavillon mit der Landkarte der Heiligtümer des europäischen Geistes, die dieser Region bei Toulouse offenbar einen herausragenden Platz einräumen wollte. Versuchen wir, dieses Problem aufzuhellen, ohne in geheimnisvolle Mythomanie zu verfallen.

Das mittelalterliche Okzitanien ist kaum oder nur am Rande mit dem Templerorden verbunden. Dagegen entstand im hochmittelalterlichen Okzitanien die größte Häretikerbewegung, die das mittelalterliche Europa hervorbrachte: die der Katharer. Sie haben mit den Rosenkreuzern allerdings nichts zu tun. Die Rosenkreuzer sympathisierten wie schon die Renaissance-Humanisten mit dem Judentum. Sie waren fasziniert von der Kabbala, und da sie glaubten, diese sei in ihren Hauptzügen vor der Kreuzigung Jesu entstanden, waren sie überzeugt, sie habe dasselbe theologische Gewicht wie das Alte Testament und könne zur Belehrung sowohl von Christen als auch von Juden dienen. Diese versöhnliche Interpretation, die zum Erbe der Rosenkreuzer gehört, hatte der große italienische Gelehrte des ausgehenden 15. Jahrhundert Giovanni Pico della Mirandola vorgeschlagen.

Bei den Rosenkreuzern findet man alle Merkmale der frühen Renaissance, die der Vormacht des Lateinischen die großen Sprachen der Antike, das Altgriechische und das Hebräische, entgegensetzte.

Bei Licht besehen, ist es nicht möglich, die Anfänge der Rosenkreuzerbewegung ins Mittelalter der Katharer oder der Tempelritter zurückzuverlegen. Mehr noch: Es ist unmöglich, bei den Rosenkreuzern Ähnlichkeiten mit dem christlichen Manichäismus dieser «perfecti» oder «perfectae» (Vollkommenen) * aufzuspüren, denn im Gegensatz zu den Rosenkreuzern, die sich mit der hebräischen Sprache und Kultur beschäftigten, wandten sich die Katharer radikal gegen die Bibel und lehnten das Alte Testament ab. Für die Katharer – Vorläufer von ihnen findet man schon in der Spätantike bei den halbchristlichen Anhängern Manis, dem Begründer des Manichäismus – gibt es nicht nur eine einzige Gottheit, sondern zwei göttliche Mächte, die einander gegenüberstehen wie die Finsternis und das Licht. Die Lehre ist bekannt. Der Manichäismus, der sich in der Endzeit des römischen Imperiums wie ein Sturm ausbreitete und den heiligen Augustinus in seiner Jugend verführte, geht in direkter Linie auf die iranische Eschatologie zurück, nach der ein guter Gott, der Sonnengott Ahura-Mazda, dem Prinzip des Bösen, Ahriman, gegenübersteht, das beständiger ist als Satan, der gefallene Engel in der traditionellen jüdischen und christlichen Theologie.

* *Katharer, die in den engen Kreis der katharischen Kirche aufgenommen wurden, hießen Perfecti oder Perfectae (Vollkommene). Die Aufnahme erfolgte durch die «Geisttaufe», das sogenannte Consolamentum. (Anm. d. Ü.)*

Die Katharer machten keinen Hehl aus ihrem Bezug zu einem modernisierten Manichäismus, sie verwarfen das Alte Testament. Was ihre Doktrin noch nicht zu einer antisemitischen Lehre machte, denn die Katharer lehnten Gewalt und Verfolgung ab. Sie verdammten die im Mittelalter vorherrschenden Beziehungen zwischen Männern und Frauen. Deshalb wurden sie durch das Konzept der höfischen Liebe, das den Verzicht auf sexuelle Gewalt bedeutete, zu den Vätern des modernen Feminismus. Die Katharer glaubten auch, dass der Mensch nicht vornehmlich für die Gemeinschaft lebt, sondern individuell nach seiner persönlichen Vervollkommnung streben soll. Deshalb war das Ziel der Katharer die «Perfektion», nicht die Heiligkeit. Diese Vollkommenheit konnte jeder erreichen. Untereinander bezeichneten sich die Katharer als «boni homines», Menschen, die auf dem Pfad der Tugend bereits ein Stück vorangekommen sind.

Es kommt hier nicht darauf an, ob die Lehren der Katharer mehr oder weniger stichhaltig sind. Sicher ist, dass sie zu einer außerordentlichen kulturellen Blüte des Languedoc führten, dass sie die Liebesdichtung und die höfische Dichtung in ganz Europa beflügelten. Dantes Lehrmeister in Florenz war der Florentiner Dichter Brunetto Latini, der immer noch provenzalisch dichtete. Seine Anschauungen deckten sich zwar nicht ganz mit denen der Katharer, aber sie waren von jener höfischen Dichtung der Troubadoure geprägt, die schon die toskanische Bewegung der «Fedeli d'Amore» hervorgebracht hatte. Dieser Einfluss der Katharer zeigt im gesamten Denken des europäischen Mittelalters einen asketischen Zug und eine Rückbesinnung des europäischen Geistes auf die Unvollkommenheit der Welt, die erschütternd ist.

Das hatte auch die katholische Kirche so verstanden und dementsprechend den Kreuzzug und die Vernichtung dieser

Häretiker gepredigt, als wären die Katharer Ungläubige. Dieser Kreuzzug gegen die Albingenser war grauenvoll («Tötet sie alle, Gott wird die Seinen erkennen»). Die Verfolgungen, die Scheiterhaufen, die aus diesem Anlass geschaffene Heilige Inquisition, all das hat eine außerordentlich bittere Erinnerung bei der okzitanischen Bevölkerung hinterlassen und für Jahrhunderte einen gewissen Antiklerikalismus geschürt, der sich nie ganz mit dem Protestantismus verbinden konnte. Während die Waldenser, die andere große Häretikerbewegung in Frankreich, die im 12. Jahrhundert von Lyon ausgegangen war, sich ab dem 16. Jahrhundert schließlich dem Calvinismus anschlossen, nachdem sich ihre im Lubéron siedelnden provenzalischen Mitglieder in einer demokratischen Abstimmung dafür ausgesprochen hatten, konnten die Hugenotten in den Gegenden, in denen die Katharer aufgetreten waren, keinen Einfluss gewinnen. Doch die Ablehnung des Katholizismus ist lebendig geblieben in jener Gegend, die man mit ihren Eckpunkten Albi, Narbonne, Foix, Carcassonne und Toulouse als echtes «Katharer-Fünfeck» bezeichnen kann. Man muss daher festhalten, dass in dieser entscheidenden Periode des Mittelalters die Glaubensbewegung der Katharer mit Sicherheit eine Rolle spielte, und dass der Razès mit Alet im Zentrum dieser Auseinandersetzungen lag.

Streng genommen erlebten die Katharer ihren Höhepunkt nicht in dieser Gegend, sondern in einer bergigen, schwerer zugänglichen Region, die ungefähr 45 Kilometer Luftlinie von Rennes-le-Château entfernt liegt, bei Montségur, wo die Katharer bekanntlich in fast übermenschlicher Anstrengung eine beachtliche Verteidigungsanlage errichtet hatten, in der sie der Belagerung durch ihre Verfolger mehrere Jahre standhalten konnten, bevor sie sich ergaben. Angeblich war es einer Gruppe von Katharern gelungen, die Burg mit ihrem Schatz zu verlassen, der anschließend verloren gegangen sein soll. Außerdem weiß man, dass es in der Region Adelsfamilien gab, die während des Albigenser-Kreuzzugs an der Seite Raimunds VII. von Toulouse standen, insbesondere die Familie der Grafen von Aniort aus der Gegend von Sault, die mit den Blancheforts verbündet waren, den Herren von Rennes-le-Château und den dazugehörigen Ländereien. Diese großen Familien des Languedoc waren von der Kultur der Katharer beeinflusst. Ferner standen die Templer, die zum Beispiel in Bézu unweit von Rennes-le-Château eine Komturei bewirtschafteten, seit jener Zeit im Verdacht, ihren Orden auch Familien geöffnet zu haben, die von den Katharern beeinflusst waren, oder letztere zumindest toleriert zu haben, wie sie aus heimlichem Abscheu gegen den Umgang der Kirche mit Sektierern so manches tolerierten.

Im Razès sind die Erinnerungen an Montségur lebendig geblieben, wie auch die an den Kreuzzug gegen die Albingenser, der vielleicht Eingang in die Legende um den Rosenritter Christian Rosenkreutz gefunden hat. Könnte ein Aspekt dieser alten Geschichte den Orden der Rosenkreuzer zu Anfang des 17. Jahrhunderts beschäftigt haben? Sahen die Rosenkreuzer ihre Opposition zur Römischen Kirche darin vorweggenommen? War es Zufall, oder lag es doch an Kenntnissen ganz anderer Art, über die die Katharer ebenso wie einige Templer verfügten, und die ersteren bisweilen bei der Flucht halfen oder zu Verstecken führten? Diese Frage stellte man sich im 13. und im 17. Jahrhundert. Und vielleicht wollte Rom aus ständiger Sorge über ein Wiederaufleben häretischer Bewegungen das Land der Katharer mit kleinen Bistümern überziehen und kontrollieren? Das würde erklären, warum in Alet seiner strategischen Rolle entsprechend eines der kleinsten Bistümer der Christenheit errichtet wurde. Vielleicht war es das

Wissen um das Geheimnis von Alet, das Nicolas Pavillon dazu bewegte, nachdem er zum Exil verdammt worden war, das Zentrum seines Wirkens dorthin zu verlegen und von dort aus mit seinen eigenen, vom Jansenismus und den Rosenkreuzern geprägten Vorstellungen zur Erneuerung der Kirche und Europas beizutragen.

Nicolas Pavillon oder die Rosenkreuzer interessierten sich also für den Razès, weil dort einst die Katharer zu Hause waren, ein weiterer Grund für ihr Interesse war allerdings auch die dortige Komturei der Templer. Dass die Templer an der Rettung einiger Schätze der Katharer beteiligt gewesen sein sollen, bedeutet jedoch nicht, dass sie an die Katharer anknüpften. Die Templer waren ein von den Katharern unabhängiger religiöser und militärischer Orden, auch wenn über einige Zwischenstationen möglicherweise initiatisches Wissen der Katharer weitergegeben wurde.

Mit Sicherheit gab es aber keine lückenlose Kontinuität, wie in der Großmeisterliste der Prieuré de Sion unterstellt wird. Damit wieder Quellen zum Vorschein kamen, die man für versiegt gehalten hatte, genügte es, dass Gruppen von Intellektuellen sich unter der Hand eine Reihe von Informationen zuspielten, die ihnen wichtig erschienen – so funktionierte die Übermittlung zu Beginn der Neuzeit in Europa.

Einen Zusammenhang zwischen einer bestimmten Doktrin der Templer und der Doktrin der Rosenkreuzer gibt es jedoch zweifellos.

Wahrscheinlich existierte ebenso wenig eine einheitliche für alle Templergruppen gültige Lehre, wie es keine einheitliche Geschichte der Templer gibt. Der Templerorden war zu Beginn seiner Geschichte ein militärischer Ableger des Zisterzienserordens, den der bedeutendste Zisterzienser, Bernhard von Clairvaux, ins Leben gerufen hatte, um auf tatkräftige

Weise die Interessen des Papsttums zu verteidigen, einen geläuterten Katholizismus, der seine neue Fähigkeit, die traditionelle Frömmigkeit zu überbieten, mit dem Kreuzzug unter Beweis stellen sollte. Als Ergebnis der Verschmelzung des Ritterideals mit dem mönchischen Ideal waren die Templer ein grundlegendes Element des mittelalterlichen Christentums.

Doch Vorsicht: Wir haben schon häufig diese Art unvorhersehbarer Entwicklungen von der äußersten Orthodoxie zur äußersten Häresie erlebt – ein Wandel, den man sowohl bei den Dominikanern als auch bei den Jesuiten beobachten konnte. Unter dem Einfluss ihres Anführers und Gründers Domingo de Guzman hatten die Dominikaner eine verheerende Rolle bei der Einrichtung der Inquisition gegen die Katharer gespielt, und sie waren die von allen Ungläubigen des Mittelalters gefürchteten päpstlichen Häscher. Aber zwei oder drei Jahrhunderte später standen die Dominikaner, besonders die spanischen Dominikaner, an der Spitze des Kampfes gegen die von ihnen einst getragene Heilige Inquisition. Wir sehen, dass der Dominikanerorden jüdischen Konvertiten, den *Conversos*, die ihre Sympathie für Israel und das jüdische Denken kaum verleugneten, viel Raum gab. Das machte die Dominikaner zu nahezu offenen Gegnern der neuerlichen, Anfang des 16. Jahrhunderts auf Betreiben der Jesuiten wieder einsetzenden Verfolgung durch den Papst und zu leidenschaftlichen Verteidigern des modernen Humanismus. In dieser Hinsicht konnten sie sich auf eine große Persönlichkeit berufen, auf Thomas von Aquin, der dem dominikanischen Ideal bereits zu seiner Zeit und auf seine Weise eine neue Richtung gewiesen hatte: hin zu einer Rehabilitierung der Wissenschaften und des Wissens sowie zu mehr Offenheit für die arabische und jüdische Philosophie des Mittelalters – für Averroes und Maimonides.

Der Jesuitenorden wiederum war zu einem guten Teil als Gegenbewegung zur skeptischen und liberalen Entwicklung der Dominikaner entstanden. Anfangs waren die Jesuiten untadelige Diener des päpstlichen Ideals, gegen das sich die Rebellionen der Nationalkirchen richteten. Ihre Devise lautete bald *perinde ac si cadaver essent* (sich führen und leiten lassen, als ob sie ein Leichnam wären). Und aus diesem Orden wurde, nachdem er von den modernen Staaten des 18. Jahrhunderts beinahe aufgelöst worden wäre, im 20. Jahrhundert, besonders unter Papst Johannes Paul II., einer der rebellischsten Orden des modernen Katholizismus.

Kurz, die religiösen Orden haben sich ständig weiterentwickelt. Und der Orden der Templer, der zugleich ein kirchlicher und ein militärischer Orden war, machte zweifellos eine ähnliche Entwicklung durch, eine Entwicklung, die vollkommen rätselhaft geblieben wäre, wenn nicht Texte sie begleitet hätten, die zugleich Meisterwerke der Literatur sind, Romane, die, von Chrétien de Troyes bis Wolfram von Eschenbach, von der Suche nach dem Gral handeln und uns einen tiefen Einblick in die esoterischen Lehren der Templer gewähren.

Die Templer und der Mythos von Rennes-le-Château

Gibt es ein Geheimnis des Templerordens? Halten wir uns zunächst an das alte Prinzip von Leibniz, «*maxima a minimis*», und versuchen, möglichst viele Ereignisse durch möglichst wenige Ursachen zu erklären.

Im Laufe des 14. Jahrhunderts ist der Templerorden aus vielen Gründen in schwere Bedrängnis geraten. Gegen Ende des 13. Jahrhunderts fiel die Festung Akkon, die letzte Bastion der Christen im Heiligen Land, in die Hände der türkischen Mamelucken. Die letzten Templer verließen Palästina, den eigentlichen Daseinsgrund des Ordens. Sie breiteten sich im ganzen Mittelmeerraum aus und unternahmen sporadisch weiterhin Kriegszüge gegen die Muslime. Vor allem aber bezogen sie wieder ihre Stützpunkte in Westeuropa, die sie nie ganz aufgegeben hatten, insbesondere ihre beiden großen Zentren Paris und London. In Paris, dem Sitz des Großmeisters, erstreckte sich der Templerbezirk über ein ganzes Stadtviertel, das heutige 3. Arrondissement. Es war ein beachtlicher Gebäudekomplex und ein Zentrum politischer und wirtschaftlicher Aktivität, das im gesamten mittelalterlichen Europa nicht seinesgleichen hatte, nicht einmal in Venedig oder Genua.

Die Templer gehörten unterschiedlichen Nationalitäten an, hauptsächlich aber stammten sie aus französischsprachigen Ländern, aus Frankreich und zu jener Zeit auch aus England, wo Französisch die Sprache des Adels war. Ferner gab es Templer auf der Iberischen Halbinsel, wo sie an der Reconquista, also der Rückeroberung der von Muslimen besetzten Gebiete, mitwirkten, sowie in Italien. In Deutschland dagegen hat sich, abgesehen vom Rheintal, der Deutsche Orden ausgebreitet, ein Ritterorden, der vom Papst zur Verteidigung und zur Missionierung der slawischen Gebiete gegründet wurde.

Die Templer entwickelten sich schnell zur größten Finanzmacht Europas. Über ihre wirtschaftlichen Beziehungen gewannen sie auch politisches Gewicht. Sie verfügten über ein Netzwerk, das über die Landesgrenzen hinausreichte. Ihre Niederlassungen erstreckten sich von den heutigen Niederlanden bis nach Katalonien, Aragon und Portugal, der ehemaligen Zisterzienserkolonie. Sie bildeten ein Geflecht, das die Ziele nationaler Königreiche überstieg. Möglicherweise verfolgten sie, gestützt auf ihre Finanz- und Seemacht, noch größere Pläne, beispielsweise das Ziel, eine Art Länder übergreifendes, europäisches Bewusstsein zu schaffen.

Fügen wir noch hinzu, dass die Templer nach zweieinhalb Jahrhunderten des Kampfs gegen die Muslime den Islam so gut kannten, dass ihre Auffassung, wenn schon keine Abweichung von der katholischen Orthodoxie, so doch auf alle Fälle ein gewisses Nachlassen der Wachsamkeit erkennen lässt, die das so unruhige 14. Jahrhundert kennzeichnete. Sie standen also in Opposition zum Papst, und sie standen den sich herausbildenden absolutistischen Monarchien im Weg. Darin waren sich die Franzosen unter Philipp dem Schönen mit ihren englischen Vettern einig: Der Templerorden war zu mächtig.

Wie konnte man die wachsende Macht dieses transnationalen Ordens begrenzen, der seine Weisungen nur von seinem Großmeister und den verschiedenen Würdenträgern erhielt, die in Großkomtureien über weite Teile Westeuropas verstreut waren? Mehrere Lösungen boten sich an. Philipp der Schöne wählte die kühnste: eine Art Trennung von der Kirche. In Frankreich, dem Zentrum der Templerbewegung, sollte der König Großmeister des Templerordens werden. Mit dessen Reichtum und der Reichweite seines Einflusses hätte der König auf Anhieb ein Gegengewicht zum Römischen Kaiser deutscher Nation an seiner Ostgrenze geschaffen. Aus diesem Grund hatten sich der Templerorden und das Heilige Römische Reich Deutscher Nation eine Zeitlang gut vertragen. Sie standen in keiner direkten Konkurrenz. Anscheinend war das Bündnis zwischen den Templern und Kaiser Friedrich II., das durch einige Vorfälle unterbrochen wurde, die sich zu Beginn des 13. Jahrhunderts im Heiligen Land ereigneten, von großer Bedeutung gewesen. Da mochte es nahe liegen, das geistige Vermächtnis Friedrichs II. bei den Templern zu sehen. Das haben vor allem einige italienische Okkultisten getan, es stimmt aber nicht mit den historischen Tatsachen überein.

Nehmen wir einmal an, Philipp der Schöne sah sich einer strikten Ablehnung seitens der Führungsriege des Templerordens gegenüber. Nehmen wir an, ein gewisser Personenkreis der römischen Kurie, die im Templerorden eine potentiell abtrünnige Bewegung sah, hätte ihn unterstützt. Dann führte dieses Bündnis zwischen König und Papst am 13. Oktober 1307 zur überraschenden Verhaftung aller Templer im Königreich Frankreich. Die schreckliche Verhaftungswelle setzte sich auch jenseits der französischen Grenzen fort und mündete in das berühmteste Gerichtsverfahren des Mittelalters. Es endete mit der Verbrennung des Großmeisters der Templer, Jacques de Molay, und seiner Würdenträger in Paris, die ihre ersten, unter der Folter auf besonders grausame Weise erpressten Geständnisse tapfer widerrufen hatten.

Diese unter Folter erpressten Geständnisse lassen sich nur mit großer Vorsicht zur historischen Analyse heranziehen. Im Grunde genommen wissen wir von den theologischen Vorstellungen der Templer wenig, sieht man von den Aussagen ab, die die Tempelritter während der peinlichen Befragung durch ihre Folterknechte gemacht haben. Dabei ist es gut möglich, dass sie Szenarien wiederholten, die man ihnen in den Mund legte. Aber auch wenn man diese Geständnisse nicht für bare Münze nimmt, können in diesem zutiefst abstoßenden Magma einige wahre Dinge ans Licht gekommen sein. Aber welche?

Zuerst die Tatsache, dass Templer und Muslime nicht nur als Gegner, sondern auch durch wechselseitige Bewunderung miteinander verbunden waren. Bei diesem Dialog zeigte sich, dass die Templer für eine Reihe von mystischen Lehren im Islam empfänglich waren. Es gab folglich in der religiösen Doktrin der Templer, soweit man sie erahnen kann, unzweifelhaft mystische Elemente muslimischer, namentlich schiitisch-ismaelitischer Herkunft. Einige dieser revolutionären Ismaeliten hatten nach dem Sturz ihres Fatimiden-Kalifats in Ägypten eine subversive Doktrin entwickelt, die sich hinter der Figur des «Alten vom Berg» verbarg, dem Anführer einer Bruderschaft, die sich in einer Festung in Persien verschanzte. Der «Alte vom Berg» ließ seine politischen Gegner einen nach dem anderen ermorden, glaubte aber auch an eine baldige Rückkehr des Messias in Gestalt des Mahdi, die zu einer Versöhnung der monotheistischen Welt mit – so seltsam es erscheinen mag – Christen und Juden führen würde. Fest steht, dass diese muslimische Esoterik durch die Templer nach Westeuropa kam. Von ihr haben die Templer ein Prinzip übernommen, das schiitischen Ursprungs ist, die *Taqiyya* (Verheimlichung, Verstellung).

Als Reaktion auf die ständigen Verfolgungen durch die Sunniten, denen die Schiiten in den ersten Jahrhunderten des Islams während der Blütezeit der Umayyaden- und Abbasiden-Kalifate ausgesetzt waren, hielten die Schiiten die Lüge oder vielmehr die Verheimlichung zur Abwehr eines direkten Angriffs für gerechtfertigt. Einem Feind, der einen wegen seiner Überzeugungen verfolgt und der herausfinden will, ob man Schiit ist, um einen so schnell wie möglich aus dem Weg zu räumen, muss man nicht die Wahrheit sagen. Man darf sie verbergen. Das ist der scheinheilige Vorwurf, den die Araber heute den Iranern machen, die Sunniten den Schiiten. Doch hinter dem fragwürdigen Prinzip der *Taqiyya* steckt ein erster Entwurf von Gewissensfreiheit.

Es ist durchaus möglich, dass sich die Templer auf die *Taqiyya* verlegten und dass einige während ihrer Gefangenschaft, in der es immer wieder zum Dialog kam, von ismaelitischen Sufis oder von den Lehren der Drusen beeinflusst wurden. Nun bildeten die Tempelritter eine Quelle für eine Reihe literarischer Hauptwerke des klassischen Mittelalters. Es sind die Ritterromane, die sich um den Gral drehen. Was ist der Gral? Hier haben wir es mit einer echten *Taqiyya* seitens der Templer zu tun, denn der Gral hat einen vielfältigen, aber absichtlich verschleierten Ursprung. Der Begriff stammt aus dem Keltischen und bezeichnet ein Gefäß, in dem seit der Zeit von König Artus und der Tafelrunde ein bedeutendes Geheimnis aufbewahrt wurde. Handelte es sich um das Blut Christi, das man am Fuß des Kreuzes aufgefangen hatte? Handelte es sich um den Kelch, der beim letzten Abendmahl herumgereicht wurde? Handelte es sich um ein Symbol für den Fortbestand der Botschaft von Jesus Christus in der Geschichte, verbildlicht in einem kostbaren Gegenstand? Das waren alles geläufige Erklärungen. Keine scheint eine endgültige Antwort zu geben.

In der Gralssuche der Eingeweihten drückt sich auf grundlegende Weise das Ideal der Templer aus, wie es sich allmählich herausgebildet hatte: Der Templer als ein Ritter, der sein Leben der Suche nach einem tiefen Mysterium widmet, das seine Zeitgenossen noch nicht erkennen und das der Menschheit die vollständige Erlösung bringen kann, denn der Gral hat übernatürliche, heilende Kräfte. Von Chrétien de Troyes, dem französischen Dichter des Grals, der sich am engsten an die kirchliche Lehre hielt, spannt sich so der Bogen zu Wolfram von Eschenbach, der, beeinflusst von den Überlieferungen der Templer bei den deutschen Minnesängern, eine neue Gralsmythologie für das Abendland schuf. Hier ist die Rede von einer fernen Burg, aus der Wagner schließlich das erhabene Initiationszentrum seines Parsifals machte: die «Burg von Montsalvage». Der Name kommt zweifellos aus dem Französischen. Einige Exegeten sehen darin einen Nachhall der Katharerfestung Montségur.

Wie auch immer man diese für die abendländische Kultur grundlegenden epischen Meisterwerke interpretieren mag, klar ist, dass diese politische Strömung das Auftauchen eines Ritterideals ermöglichte, das sich von dem des klassischen Mittelalters stark unterschied. Es handelte sich um ein intellektualisiertes Rittertum, das besondere religiöse Vorstellungen umfasste und das sich ebenso für Alchemie wie für die

Kabbala interessierte, die im christlichen mittelalterlichen Europa noch weitgehend unbekannt war und besonders die Templer in Aragon und Katalonien faszinierte, die im Wirkungskreis des großen Philosophen und Alchemisten Ramon Llull lebten.

Ohne alles zu glauben, was uns die Inquisitoren über die Abirrungen der Templer erzählt haben, wird deutlich, dass deren Spiritualität immer kirchenferner wurde und einen synkretistischen Charakter annahm. In zwei Jahrhunderten vollzog sich ein allmählicher Wandel im Orden. Im ständigen Kampf gegen den Islam war es erforderlich, dass man sich bemühte, den Islam zu verstehen, und dabei übernahmen die Templer einige der mystischen und eschatologischen Überlieferungen der Ismaeliten ebenso wie eine Reihe alchemistischer oder kabbalistischer Lehren aus dem spanischen Judentum. Mit der Zeit versuchte der Orden schließlich, diese wieder in eine Glaubenslehre einzubinden, die auf der Praxis der Verstellung beruhte.

Möglicherweise ist es in diesem Zusammenhang zu einer Annäherung des Ideals der Katharer, denen das Interesse der Templer am Islam oder an der jüdischen Religion fremd war, an das Ritterideal gekommen. Alles in allem spricht nichts dagegen, dass es Verbindungen und gegenseitige Unterstützung zwischen den beiden Bewegungen gegeben hat. Darin muss, soviel ist klar, der Kern des Häresievorwurfs an die Templer liegen, sofern es überhaupt irgendeine Häresie gegeben hat.

Zu den verblüffendsten Aspekten dieser Templerhäresie zählt nach den Protokollen der Prozesse, die den bedauernswerten Ordensrittern gemacht wurden, die Darstellung eines Kopfes mit dem merkwürdigen Namen *Baphomet*, der zugleich Mahomet (die mittelalterliche Schreibweise für Mohammed) und weitere esoterische Inhalte aus archaischen Zeiten heraufbeschwor. *Baphomet* stellte eine Art Inkarnation dar – aber keine Inkarnation von Jesus – und soll Gegenstand einer mysteriösen Verehrung gewesen sein. Im Zuge der Anschuldigungen und Pseudoenthüllungen warf man den Templern homosexuelle Handlungen vor wie den Kuss auf das Hinterteil. Es gibt aber keinen ernst zu nehmenden Grund für die Annahme, dies alles habe je stattgefunden.

Demgegenüber kann man feststellen, dass der Name *Baphomet* eine Verschlüsselung ist. Wendet man das Atbash-Alphabet auf ihn an – ein Code, bei dem jeder Buchstabe des Alphabets nach einer strengen Regel durch einen anderen ersetzt wird, und der zu Lebzeiten Jesu in Palästina entwickelt worden war –, erhält man das hebräische Wort *Hokhma* (das griech. *Sophia),* also die Weisheit, die gemäß der Kabbala die höchste Form des Lebensbaums darstellt, nach der nur noch das Reich Gottes selbst kommt.

Ist es vorstellbar, dass sich all das auf die eine oder andere Weise vermischt hat? Tatsächlich waren die Templer an allen Fronten des geistigen Lebens zu finden. Sie könnten eine Lehre ausgearbeitet haben, in der einige esoterische Bestandteile darauf abzielten, die beiden großen monotheistischen Religionen, das Christentum und den Islam, unter der Leitung oder dem wohlwollenden Blick der dritten monotheistischen Religion, dem Judentum, miteinander zu versöhnen. Das war ein wichtiges Thema bei Ramon Llull, dem wahren Ideologen der Templerrevolution.

Anders gesagt, der Templerorden war nicht zerschlagen worden, weil er mächtig und reich war, selbst wenn das zu seinem Fall beigetragen hat, sondern weil die Kirche überzeugt war, dass die Templer vielerlei heterodoxen Ideen anhingen und damit den Zusammenhalt der Kirche gefährdeten. Hinzu kam noch Philipp der Schöne mit seinen politischen Ambitionen.

War der Templerorden demnach von Anfang an so ausgelegt, dass er für fremde Glaubensinhalte empfänglich war? Gewiss nicht. Die Ähnlichkeit zur Theorie des Dialogs zwischen den Religionen, die Abaelard vorschwebte und die Ramon Llull ein Jahrhundert später formulierte, ist so groß, dass man die These ausschließen muss, die Gründer des Templerordens hätten Vorstellungen in dieser Richtung gehabt. Niemand hat Abaelard und seine Gefährtin Héloïse so hart verfolgt wie der Gründer des Templerordens und dessen theologischer Vordenker, der große Zisterzienserabt Bernhard von Clairvaux. Die Ideen des frühen Templerordens sind daher ganz und gar unvereinbar mit denen des späteren, der zum Dialog der Religionen bereit war – womit ein Großteil der Argumentation Dan Browns und anderer sensationshungriger Analysten vom Schlage Leighs, Baigents und Lincolns in sich zusammenstürzt. Der Templerorden hat sich tatsächlich verändert, doch es ist abwegig, ihn als Verschwörung von Teilen der Kirche und von Feudalherren aus der Champagne und aus Burgund darzustellen, um die Merowinger-Dynastie oder die wahre Familie Jesu daraus hervorgehen zu lassen.

Diese absurde These herrscht heute in okkultistischen und esoterischen Zirkeln vor. Demnach war der Templerorden ein Köder. Er sei von einigen hauptsächlich in der Champagne ansässigen Adelsfamilien mit dem Ziel gegründet worden, den geheimen Thronanspruch der Merowinger zu verankern und zu unterstützen. Die einzige und wahre Ursache für die Gründung des Templerordens sei dieses dynastische Geheimnis gewesen. Nachdem die Voraussetzungen für die Gründung des Templerordens geschaffen waren, habe sich dieser dann entwickelt und einen schleichenden, aber überaus wirksamen Angriff auf die im Okzident praktizierte Form des katholischen Glaubens geführt. Die Templer hätten die Katharer beschützt, den Dialog mit dem Islam gesucht und sich schließlich zur finanziellen Großmacht in Europa aufgeschwungen. Die Zerschlagung des Ordens sei eine der großen Katastrophen in der europäischen Geschichte gewesen.

Fangen wir noch einmal von vorne an. Der Beweis für diese fantastische Geschichte soll darin liegen, dass man am Anfang lediglich neun Ritter aus dem Gefolge Bernhards von Clairvaux ausgewählt habe, um die Pilger ins Heilige Land zu begleiten und auf ihrer Reise zu schützen. Der gesunde Menschenverstand sagt einem, dass neun Ritter nicht ausreichten, um Zehntausende von Pilgern auf den gefährlichen Wegen in den Nahen Osten zu beschützen. Ihre eigentliche Aufgabe müsse folglich eine andere gewesen sein. Man kann dem entgegenhalten, dass die neun Ordensgründer ursprünglich eine Art Experiment in vivo eines neuen Ordens darstellten, der schon allein aufgrund der extremen Langsamkeit, mit der im Mittelalter große Reformen umgesetzt wurden, nicht von heute auf morgen aus dem Boden gestampft werden konnte. Nichts spricht gegen die Annahme, dass es zuerst einen kleinen Kern von Templern gab und die Errichtung eines religiösen wie militärischen Ordens erst später erfolgte.

Es gibt keine historischen Gründe für die Annahme, dass die Templer zu jener Zeit nicht die Ideale von Bernhard von Clairvaux geteilt hätten. Dieser war eine vielschichtige Persönlichkeit, ein Feminist vor der Zeit, denn er erlaubte der Äbtissin Hildegard von Bingen, echte Klöster zu gründen, in denen Mädchen eine höhere Bildung erhielten und an theologischen Debatten teilnehmen durften. Er war offen für Fragen der Liturgie und des historischen Denkens, denn er wollte die christliche Offenbarung in ein optimistisches Geschichtsverständnis einfügen, das als Etappe unmittelbar vor der *Summa Theologica* des Thomas von Aquin angesehen werden kann.

Bernhard von Clairvaux war ein Mann seiner Zeit, der jede Form von Häresie ablehnte. Die Gewalt, mit der er besonders gegen Abaelard vorging, und sein uneingeschränktes Eintreten für die Eroberung des Heiligen Landes mit Lanze und Schwert sind das traurige Zeugnis davon. Alle, die uns weismachen wollen, die Templer seien die wahren Verteidiger des Erbes Jesu und hätten aus diesem Grund anfänglich gute Beziehungen zu den Juden unterhalten, müssen uns jedenfalls erklären, warum Bernhard von Clairvaux Gottfried von Bouillon nie vorgeworfen hat, dass er bei der Eroberung von Jerusalem im Jahre 1099 alle Juden der Stadt in eine Synagoge einsperren und diese dann in Brand stecken ließ.

Der Templerorden konnte sich verändern, weil er in seinen Anfängen keine spezielle esoterische Ausrichtung hatte. Denn das Ritterleben in Palästina entfernte seine Ordensmitglieder vom Ideal der Reinheit, zu dessen Verteidigung sie berufen waren. Ihre Fähigkeit zu Verhandlungen mit den Muslimen führte sie zu einem immer besseren Verständnis ihrer Verhandlungspartner, die logistischen Probleme im Heiligen Land erforderten es, dass die Templer Handel und Seefahrt betrieben, worin sie schließlich Meister wurden, und zu guter Letzt ordneten sie sich keinem bedeutenden König des lateinischen Abendlands unter, und sei es auch nur, weil sie in ihren Beziehungen zu Frankreich und England nicht in deren endlose Kriege verwickelt werden wollten.

Soviel lässt sich in einer ersten Bilanz über das Wirken des Templerordens vorbringen. Festzuhalten bleibt, dass sich die Templer im Südwesten Frankreichs niedergelassen hatten, dass man dort ständig Anspruch auf das Erbe der Templer erhob, dass dieses Erbe verknüpft ist mit Männern wie Raimund VII., dem Grafen von Toulouse, einem der Helden des zweiten Kreuzzugs und dem ersten Schutzherrn der Katharer, und dass die Geschichte der Templer in mancherlei Hinsicht in der Legende von Christian Rosenkreutz nachhallt, also in der eines vollkommenen Ritters, der die Synthese von *Rose* und *Kreuz* herbeiführt.

Wahrheit und Legende in der Geschichte des Templerordens

Die Geschichte des Templerordens bietet alles, was zu einem großen Drama gehört: Wahrheit und Legende, echte und unechte Geheimnisse. Zu den letzteren gehört die Vorstellung, der Templerorden sei gegründet worden, um unter Führung von Bernhard von Clairvaux im Heiligen Land Dokumente wiederzubeschaffen und diese Operation zum Vorwand zu nehmen, um sich im Zentrum der katholische Kirche festzusetzen, deren Dogmen vom Templerorden nicht geteilt worden seien. Diese erstaunliche These wird von Leigh, Baigent und Lincoln sowie von der Mehrzahl ihrer angelsächsischen Nacheiferer vertreten. Eine große Zahl von Veröffentlichungen beruht auf dieser Idee, für die es keine historische Grundlage gibt.

Betrachtet man die Texte, die im Geist des Templerordens entstanden sind, ist es hingegen viel wahrscheinlicher, dass sich bei den Templern wie bei anderen Teilen der Feudalgesellschaft mit der Zeit ganz andere Ideen durchsetzten als diejenigen, die bei ihrer Gründung eine Rolle spielten. Darunter auch sehr heterodoxe Glaubensauffassungen, die im Gegensatz zu denen der späteren Rosenkreuzer mehr von der islamischen Mystik geprägt waren als vom Judentum. Auch das schließt eigentlich – sieht man von einigen augenzwinkernden Verweisen ab – einen direkten Einfluss der Templer auf die Rosenkreuzer aus.

Im Prozess gegen die Templer wurden zutreffende Fakten aus dem Ordensleben wie der *Baphomet,* aber auch unbewiesene Behauptungen vorgebracht, die die Inquisitoren wahrscheinlich nur durch physische und psychische Gewalt von den unglücklichen Gefangenen erpresst haben. Dazu gilt es jetzt, mehrere Fragen zu beantworten.

Zuerst sollten wir klären, ob die Templer an die Göttlichkeit Christi glaubten und daran, dass Jesus tatsächlich gekreuzigt wurde. In allen Protokollen der Templerprozesse ist zu lesen: Nach dem Kuss auf den Hintern und dem Kniefall vor dem Tierkopf, dem *Baphomet,* folgte das Schlimmste, denn bei seiner Initiation musste der Novize ein Kruzifix ergreifen und darauf spucken.

Wozu diente das Bespucken des Kruzifixes? Es ging nicht darum, Jesus zu beleidigen, die Templer waren vielmehr der Ansicht, Jesus sei nicht am Kreuz gestorben. Entweder habe er überlebt – eine weit verbreitete These im ausklingenden Altertum –, oder er sei gemäß seiner göttlichen Natur nicht gekreuzigt worden, sondern direkt in den Himmel aufgestiegen. Diese ursprünglich gnostische These wird von Mohammed im Koran vertreten. Und wenn es einen muslimischen Einfluss auf die Templer gegeben hat, dann vielleicht in der Richtung, dass sie das Menschsein Jesu und damit die Möglichkeit bestritten haben, er könne am Kreuz gestorben sein.

Das Bespucken des Kreuzes wäre freilich zu schön. Bevor man ernsthaft glaubt, dass diese schreckliche Blasphemie tatsächlich begangen wurde, muss man freilich danach fragen, ob ein solcher Ritus nicht vielleicht woanders, in einer anderen Form auftaucht. Das ist jedoch nicht der Fall. Die Gegnerschaft der Templer zum Christentum muss also erst noch bewiesen werden. Die Templer waren nie von ihrem Auftrag abgerückt, das Heilige Land zu verteidigen, und sie vergossen ihr Blut für die Sache Christi. Sie sind zu Hunderten und Tausenden gefallen, besonders bei der Belagerung von Akkon. Danach beteiligten sie sich am Kampf gegen die Sarazenen auf dem Mittelmeer und rüsteten sich dazu mit einer immer stärkeren Flotte aus.

Bei den Templern deutet also nichts darauf hin, dass sie die Absicht hatten, mit dem christlichen Dogma zu brechen und ihre Anhänger auf eine antichristliche Doktrin einzuschwören, die solche Schmähungen beinhaltet hätte. Es ist nicht ersichtlich, wie in einer auf humanen Grundsätzen beruhenden Gemeinschaft, die keinen Sektenterror auf ihre Mitglieder ausübte, eine solche Initiation über einen langen Zeitraum im Geheimen hätte praktiziert werden können, ohne dass sich jemals ein Ordensmitglied gegenüber Nichtmitgliedern des Ordens darüber geäußert hätte. Schließlich befinden wir uns in einer Zeit, in der das Christentum die Kultur war, die jeden Menschen umgab – und in der so gut wie alles grenzenlos weitergetragen wurde, und sei es durch die Beichte.

Es gibt also keinen Grund zu der Annahme, die Templer hätten irgendwelche Geheimnisse über das Leben Jesu gehütet, wie zum Beispiel eine Ehe von Jesus und Maria Magdalena.

Ja, Maria Magdalena wurde von den Templern besonders verehrt, und sie zeigten diese Verehrung oft. Sie beteten Maria

Magdalena als eine ihrer Schutzheiligen an. Aber beteten sie zu ihr mit dem Wissen, dass Maria Magdalena eigentlich die Frau von Jesus Christus war und dass sie selbst als kämpfende Truppe den Auftrag hatten, die Familie, die aus dieser Verbindung hervorgegangen war, in Europa an die Macht zu bringen? Wenn dem so gewesen wäre, warum hätten sie dann auf das Kreuz spucken und solch offensichtliche Hinweise auf ihre Glaubensabtrünnigkeit geben sollen? Vor allen Dingen ist nicht erkennbar, wie und durch welche Überlieferungskette sie zu dem Wissen gelangt sein könnten, Maria Magdalena sei die Ehefrau Jesu gewesen. Das alles hält einer Überprüfung nicht stand.

Richtig ist, dass die Tempelritter in dem von den Christen zurückeroberten Tempelbezirk von Jerusalem regelrecht archäologische Grabungen durchführten, dass sie die Überreste von Salomos Tempel (des ersten Tempels) und Esras Tempel (des zweiten Tempels) entdeckten. Haben sie dabei bedeutende Dinge gefunden? Die Bundeslade zum Beispiel? Aber warum hätten die Templer dies vor dem Papst geheimhalten sollen, dem sie damals treu ergeben waren? Es gibt keinen ersichtlichen Grund dafür. Und hätten sie tatsächlich die Bundeslade oder die Tempelschätze versteckt, die sie bei den ersten Grabungen angeblich fanden, dann hätten sie diese Funde zweifellos an einem ihnen vertrauten Ort aufbewahrt. Es gibt aber keinen Grund dafür, warum dieser Ort ausgerechnet im Razès hätte liegen sollen.

Man kann also ausschließen, dass die Templer eine geheime antichristliche Botschaft besaßen. Vermutlich aber haben die Katharer ihren Schatz lieber den Templern anvertraut, als ihn den Rittern des Albingenser-Kreuzzugs auszuliefern. Und möglicherweise gewährten die Templer einer Gruppe von Katharern gegen klingende Münze Zuflucht.

Dies würde erklären, warum der Schatz von Montségur nie gefunden wurde, nachdem ihn am Abend vor dem Fall der Festung drei Ritter in ein sicheres Versteck gebracht hatten.

Zwischen der These, Jesus sei ein Mensch und verheiratet gewesen, wie sie von unseren Autoren vorgebracht worden ist, und der Vorstellung, Jesus habe mit der normalen Menschheit nichts gemein, sondern stelle den Geist des Guten im Kampf gegen den Geist des Bösen dar, wie sie der manichäischen Doktrin der Katharer entsprach, lassen sich kaum Berührungspunkte erkennen. Diese liegen höchstens in der gemeinsamen Ablehnung der Orthodoxie, der Inquisition und der politischen Gewalt in Religionsfragen.

Andere Beziehungen zwischen dem Razès und den Templern lassen sich nicht ernsthaft in Betracht ziehen. Doch alle diese Überlegungen führen nicht weiter und rechtfertigen keinesfalls die Aufmerksamkeit, die sich angeblich auf den Razès gerichtet hat. Den einzigen Hinweis auf solche abweichlerischen mittelalterlichen Templer findet man in der Breitwand-Legende von Christian Rosenkreutz, also in einem Versuch des religiösen Synkretismus, der seinen Höhepunkt angeblich im Mittelalter hatte und durch die Verfolgung immer mehr verwischt worden sein soll.

Doch was die Geschichte mit dem in einen Dornröschenschlaf gefallenen Ritter angeht, so würde ich zur Erklärung dieser Rosenkreuzerlegende andere mythologische Elemente heranziehen als die des Templerordens. Die Idee vom Ritter, der in seinem Grab verschwindet und nach einer historischen Zeitspanne wieder erscheint, ist die germanische Legende von Heinrich dem Vogler, dem König des Ostfrankenreichs, der angeblich in einer Höhle auf seine Wiederauferstehung wartet, um das deutsche Kaiserreich in seiner ursprünglichen Größe wiederzuerrichten. Heinrich Himmler, der von esoterischen

Vorstellungen begeistert war, glaubte daher, er sei eine Reinkarnation König Heinrichs.

Die Gestalt des Ritters Rosenkreutz als einem fahrenden Ritter auf der Suche nach der Wahrheit stammt von Wolfram von Eschenbach. Wenn es eine Überlieferung gibt, dann eher innerhalb der deutschen Kultur, und zwar von Eschenbachs *Parzival,* der eines Tages für Richard Wagner zum Libretto wurde, zum Luthertum eines Johann Valentin Andreae , nicht jedoch als Abfolge realer historischer Ereignisse, die sich von den Templern bis zu den Rosenkreuzern erstreckte.

Dagegen gibt es bei den Templern tatsächlich ein Rätsel: Wer entkam der Verhaftungswelle, die dem Beschluss Philipps des Schönen und des Papsts zur Auflösung des Ordens folgte? Die führenden Ordensmänner in Frankreich wurden alle verhaftet und hingerichtet, doch viele Templer von der «Basis» sind der Verurteilung entkommen. Einigen gelang es, ins Ausland zu fliehen, wo sie von den lokalen Ordnungsmächten entweder als Laien geduldet wurden oder in andere Orden eintraten. Diejenigen, die sich unterwarfen, wurden von den Hospitalitern aufgenommen, dem Ritterlichen Orden Sankt Johannis vom Spital zu Jerusalem (später auch Johanniterorden genannt), einem Rivalen des Templerordens im Heiligen Land, der sogleich das Erbe eines Teils des Templerbesitzes antrat. Wo die gegen Sarazenen und Türken kämpfenden Hospitaliter ansässig waren, etwa auf Rhodos, Kreta, Zypern und Malta, wurden die Tempelritter umstandslos aufgenommen. Demnach können weder die Kluft zwischen ihren theologischen Auffassungen sehr groß noch der Irrglaube, den man den Templern unterstellte, im Orden sehr weit verbreitet gewesen sein.

Eine erste Antwort lässt sich geben: Ein Teil der Tempelritter flüchtete nach Spanien, das anarchischer und toleranter war als Frankreich, und streifte auf der Flucht tatsächlich die Komturei Bézu in Südfrankreich. Doch diese Ritter gingen fast alle weiter nach Spanien, weil sie dort im Kampf gegen den Islam gebraucht wurden. Die Reconquista war in vollem Gange, und die Königreiche von Kastilien, Aragon und Portugal benötigten die Tempelritter dringend.

Was in Portugal geschah, ist bekannt. Bei der Auflösung ihres Ordens leisteten alle portugiesischen Tempelritter den Schwur auf den Papst und auf den König von Portugal und traten dem neu gegründeten Orden der Christusritter bei. Die Christusritter spielten eine Schlüsselrolle in der modernen Geschichte Portugals, da sie eine Art Monopol auf das Wissen der Seefahrt hatten, für das schon die Tempelritter bekannt waren. Es ist übrigens durchaus möglich, dass die Templer, die besten Seefahrer ihrer Zeit, lange vor allen anderen die Schiffsrouten nach Amerika entdeckt hatten.

Eine Bemerkung noch zu den Rittern des Christusordens, das heißt, zu den portugiesischen Tempelrittern: Christoph Kolumbus verfügte anscheinend über eine Reihe von Informationen zu den Schiffsrouten nach Südamerika und scheint die Etappen anhand von alten Logbüchern errechnet zu haben, die ihm überlassen worden waren. Sein Schwiegervater war bekanntlich der portugiesische Gouverneur von Porto Santo, einer Insel bei Madeira, der in direkter Linie zur südamerikanischen Küste am nächsten gelegenen Insel im Atlantik, so dass die eigentliche Route, die Christoph Kolumbus genommen zu haben scheint, unbemerkt über die Kapverdischen Inseln führte, die portugiesischen Seefahrern bereits lange vor Vasco da Gama bekannt waren.

Es war eines seiner zahlreichen Geheimnisse, aber ist es nicht denkbar, dass Christoph Kolumbus durch seinen Schwiegervater Seefahrerberichte zur Verfügung standen, die es ihm ermöglichten, Anfang des 15. Jahrhunderts zum Beispiel die Küste Brasiliens oder die Antillen zu erreichen? Es wäre nicht die erstaunlichste Entdeckung, doch in diesem Fall wären wir Zeugen, wie Kenntnisse der Tempelritter posthum, aber diesmal tatsächlich, der Neuzeit gedient haben.

Einem Teil der Templer aus dem Westen Frankreichs gelang es, nach La Rochelle zu flüchten, dem wichtigsten Hafen des Ordens für die Seefahrt im Atlantik. Hier beginnt die Legende der schottischen Templer. Diese Legende ist wohl weniger unwahrscheinlich, als man meint, denn die Templer kannten die Seerouten, die zu den britischen Inseln führten, besonders die nach Irland und Schottland. Sie können durchaus von La Rochelle aus losgesegelt sein und in ausreichender Entfernung England passiert haben, das sich den Vorstellungen des Papstes und Philipps des Schönen angeschlossen hatte. Auf diesem Wege wäre es ihnen gelungen, ein halb wildes, aber freies Land zu erreichen, Schottland, wo der Templerorden bereits eine abgelegene Komturei besaß.

Diese Legende von den schottischen Templern ist der Ausgangspunkt vieler Freimaurer-Offenbarungen des 18. Jahrhunderts, die zur Entstehung des Schottischen Ritus führten, von dem unter anderen Ritter Ramsey, ein nach Frankreich geflüchteter Anhänger der Stuarts, behauptete, er sei von den Tempelrittern nach Schottland gebracht und nach ihrer Ankunft dort verbreitet worden. Diese Auffassung der Freimaurer ist selbst ziemlich romanhaft. Die historische Wahrheit ist wahrscheinlich um einiges komplexer: Das Schaw-Statut vom Beginn des 16. Jahrhunderts ist das älteste Freimaurer-Statut. Es stammt aus Schottland. Und die Annahme, dass der Templerorden mit einer Reihe von Freimaurer-Gesellschaften verbunden war, ist nicht ganz unbegründet, zumal letztere im 13. Jahrhundert häufig mit umfangreicher finanzieller Unterstützung des Templerordens die größten Kathedralen Frankreichs erbaut hatten. Dass eine Führungsschicht der Templer sich irgendwie nach Schottland durchschlug oder im ausgehenden Mittelalter auf den Britischen Inseln den Zusammenschluss mit Architekten und Zimmermännern suchte, ist durchaus denkbar.

Doch das bedeutet nicht, dass die Freimaurerei einst von überlebenden Templern geschaffen wurde. Im Rahmen der heterodoxen Tradition dürften Familien, die auf die Templer zurückgingen, in Schottland einfach besondere Sympathie und Wertschätzung genossen haben. Es ist allerdings möglich, dass diese Vermischung von Kulturen mit den Resten des zerschlagenen Templerordens ein wichtiger Baustein in der Entwicklung der schottischen Freimaurerei war, die wiederum mit dem Haus Stuart verbunden ist.

Eines ist sicher: Von Schottland aus unternahmen die Templer ihre kühnsten Seefahrten, denn die Familie Sinclair, eine der ältesten Familien des schottischen Adels, die auf Tempelritter zurückging, hat die Erinnerung an den venezianischen Seefahrer Zeno bewahrt, der Anfang des 15. Jahrhunderts auf Schiffen des Templerordens unter dem Kommando eines Sinclair in See stach und die Küsten Nordamerikas erreichte. Auf den ein wenig plumpen Basreliefs der Kirche von Rosslyn findet man das Zeugnis dieser Expedition, die die schottischen Seefahrer in Begleitung ihrer Tempelmeister zuerst zu den Orkney-Inseln brachte und dann in gerader Linie, wie einst die Wikinger, bis vor die Küste des späteren Neuengland. Diese Vorwegnahme der Entdeckung Amerikas gehört zu den schwindelerregenden Geheimnissen des Templerordens. Hier liegen die wirklich ungelösten historischen Fragen.

Wahrscheinlich haben die Templer auch Schottland gegen englische Angriffe verteidigt. Erwiesen ist, dass in jenem schottischen Heer, das zu Anfang des 14. Jahrhunderts in der Schlacht von Bannockburn unter der Führung von Robert the Bruce, dem späteren schottischen König und Begründer der Dynastie der Stuarts, die Engländer schlug, eine Abteilung Ritter in voller Rüstung mit Panzern und schweren Waffen kämpfte, die die entscheidende Wende zugunsten der Schotten herbeiführte. Mehrere Historiker sehen in der schwer bewaffneten Hilfe für die leichte Infanterie der Schotten ein Eingreifen von Tempelrittern, die kurz zuvor in Schottland gelandet waren.

Wirklichkeit oder Legende? Wir sind weit entfernt von den Hypothesen eines Dan Brown. Nein, Rosslyn ist nicht das verkleinerte Modell des Tempels von Jerusalem. Wahrscheinlich hängt die Kirche eng mit der raschen Entwicklung Schottlands im Spätmittelalter zusammen, und sie birgt das Zeugnis der Entdeckung Amerikas durch seefahrende Templer vor Kolumbus. Das sollte uns fürs erste vielleicht genügen.

Die wahren Überlebenden der Templer: Leonardo da Vinci und Jeanne d'Arc

Die Templer haben uns auf eine falsche Fährte geführt. Die Aufdeckung der vermeintlich wahren Lebensgeschichte von Jesus geht nicht auf ihr Konto. Sie haben auch nicht die Behauptung verbreitet, Jesus sei mit Maria Magdalena verheiratet gewesen. Entgegen den Anschuldigungen ihrer Feinde haben sie im hohen Mittelalter keine potentiell antichristliche Ideologie vertreten. Großes geleistet haben sie vor allem auf dem Gebiet der Seefahrt, man kann ihnen jedoch keine Theorien zuschreiben, die auf die eine oder andere Weise an ihrer Zeit vorbeigehen, weil sie entweder zu alt sind und die Templer unmöglich Zugang zu Texten aus der Antike haben konnten, oder weil sie zu modern sind und das ganze intellektuelle Klima einer rationalistischen und beißenden Kirchenkritik eindeutig den neuheidnischen Ideen zuzuordnen ist, die erst mit der Renaissance, den christlichen Enzyklopädisten und der späten Scholastik aufkamen.

Hier zeigt sich ein heikler Punkt sowohl in Dan Browns Erzählung als auch in der seiner Vorgänger. Was ereignete sich zwischen den Templern und Leonardo da Vinci? Die Templer waren Freigeister, Leonardo da Vinci – darüber sind sich alle seine Biographen einig – war es ebenfalls. Mit welchen Wissensgebieten auch immer sich dieses absolute Genie beschäftigt hat, er tat es ohne jede Spur von Orthodoxie.

Sicher, Leonardo da Vinci hat religiöse Themen nicht außer Acht gelassen. Doch man sieht, dass er sie in ästhetische Meditationen verwandelte, die mit der überkommenen Verehrung nicht mehr viel zu tun haben, und selbst wenn es bei Leonardo da Vinci echte religiöse Empfindung gäbe, würde ein Blick auf Gemälde wie *Heiliger Johannes der Täufer,* dessen Geste einer aufsteigenden, fast kabbalistischen Kurve folgt, oder auf die vollkommen weibliche, fleischliche *Madonna in der Felsengrotte* genügen, um zu begreifen, dass er nicht wirklich der katholischen Religion dienen, sondern eine viel weiter reichende Botschaft auf metaphysischer Ebene vermitteln wollte.

Im Kern dieser Botschaft hat Dan Brown bekanntlich das eigentliche Geheimnis von Leonardo da Vinci «entdeckt», das ähnlich dem nicht entschlüsselbaren Geheimnis in Poussins *Hirten von Arkadien* schlicht und einfach das der menschlichen Geburt Jesu und seiner verwickelten Familiengeschichte sein soll. Auf Leonardo da Vincis *Abendmahl* gibt es bekanntermaßen einen Jünger mit nahezu weiblichen Zügen. Dan Brown stützt sich in diesem Punkt auf die Ausführungen zweier britischer Historiker, Clive Prince und Lynn Picknett, und behauptet, die dergestalt ausgeführte Figur stelle nicht wie üblicherweise angenommen einen Apostel dar, sondern Maria Magdalena.

Man muss schon zweimal hinschauen. Wer auch immer sich mit diesem Gemälde beschäftigt, wird feststellen, dass es hier keine Gewissheit geben kann. Man hat den Eindruck, bei der fraglichen Figur handele sich, Leonardo da Vincis Empfindsamkeit entsprechend, eher um eine männliche Person mit weiblichen Zügen, aber nicht um eine Frau. Und sollte eine Ungewissheit über dem Gemälde liegen, dann vielleicht eher, weil eine Figur ein Zwilling von Jesus zu sein scheint, womit auf einige Legenden angespielt wäre, die zur Zeit der Renaissance über Thomas kursierten (der aramäische Name *Taoma* bedeutet Zwilling), einem Jünger, der Jesus aufs Haar geglichen haben soll. So ließe sich erklären, dass am Kreuz nicht Jesus, sondern sein Zwillingsbruder gestorben war.

Hier sind der Fantasie keine Grenzen gesetzt. Doch eines ist sicher: Leonardo da Vinci hat Johannes dargestellt, wie er im Epilog des Johannes-Evangelium geschildert wird, nämlich als Lieblingsjünger, der seinen Kopf an Jesu Schulter lehnt, eine von jeder Zweideutigkeit freie Geste, die auf Geistesverwandtschaft oder die besondere Liebe von Jesus für Johannes hinweist. Das *Abendmahl* enthält also keinen eindeutigen Hinweis auf Maria Magdalena, ist aber so konzipiert, dass es einen «johanneischen» Standpunkt einnimmt. Wenn Leonardo da Vinci religiös war, dann nicht im Sinne jenes skeptischen Glaubens, den ihm angeblich die Templer vermacht hatten, sondern im Sinne einer direkt aus mystischen Strömungen hervorgegangenen «johanneischen» Religion, die dem radikalen Franziskanertum des ausgehenden Mittelalters und dem Beginn der Renaissance entstammten. Diese Strömungen stellten einem Jesus, dessen Offenbarung noch unvollständig war, implizit einen Evangelisten Johannes gegenüber, der einem neuen Evangelium seine endgültige Form gab, von dem das offizielle Christentum bis dahin nichts gewusst haben soll: die Religion Johannes' des Täufers, dargelegt und entwickelt von seinem wahren Nachfolger, dem Evangelisten Johannes.

Auch darüber ist viel Tinte geflossen! Gibt es einen Gegensatz zwischen Johannes dem Täufer und Jesus? Es hat tatsächlich eine Uneinigkeit bestanden, denn an einem bestimmten Moment ihrer gemeinsamen Geschichte entfernte sich Jesus von seinem Cousin, Johannes dem Täufer, und dieser erlitt in gewisser Weise das erste vorchristliche Martyrium in der berühmten Episode der «Festung von Machaerus», als Salome nach einem furiosen Tanz von ihrem Stiefvater König Herodes den Kopf des Johannes forderte. Aller Wahrscheinlichkeit nach hatte Johannes der Täufer eine andere mystisch-religiöse Richtung vertreten als Jesus, denn er stand den Essenern am nahe gelegenen Toten Meer näher und teilte ihre anarchische Askese.

Dies kann als gesichert gelten, seit man die Grundlagentexte der kleinen Sekte der Mandäer oder Sabier entdeckt hat, die hauptsächlich im Irak lebte, zuvor aber auch im Süden der Türkei verbreitet war, und die sich auf Johannes den Täufer berief. Die Mandäer sehen in Johannes dem Täufer den wahren Propheten, während Jesus für sie ein falscher Prophet war, der die Lehren des Johannes zu seinem Vorteil verfälscht habe.

Nach der Entdeckung der mandäischen Texte im 19. Jahrhundert glaubte man zuerst, den Schlüssel zur endgültigen Interpretation und Kritik des Neuen Testaments gefunden zu haben. Ein vorschnelles Urteil, wie sich herausstellte. Die Anhänger Johannes' des Täufers hatten sich offenbar von den christlichen Gemeinden im engeren Sinn getrennt, jedoch nicht zu Lebzeiten ihres Propheten, sondern tatsächlich erst viel später, und die Figur des Täufers wurde erst zwischen dem 3. und dem 5. Jahrhundert als Gegenpol zu Jesus Christus entwickelt, und zwar innerhalb der bis dahin einheitlichen christlichen Gemeinden im Irak. Die Mandäer hatten keine Nachfolger im

Abendland, aber das Thema Johannes der Täufer, das eine zentrale Rolle in der Offenbarung des Evangeliums nach Johannes, seinem eigentlichen Schüler, und in der Apokalypse spielen sollte, zog sich durch das gesamte Mittelalter.

Am Ende dieser Epoche vertraten die radikalsten Interpreten die Auffassung, Johannes der Täufer, der Evangelist Johannes und der Verfasser der Apokalypse seien ein und dieselbe Person gewesen – oder drei verschiedene Personen, die unter demselben Namen agierten, um die Einheit ihrer Weltanschauung zu verdeutlichen.

Es ist unbestreitbar, dass sich das Evangelium nach Johannes von den übrigen drei Evangelien abhebt, die «synoptisch» genannt werden, weil sie im Wesentlichen dieselbe Geschichte erzählen. Das Johannes-Evangelium beginnt mit einer großartigen Vorrede; durch sie erfahren wir, dass am Anfang das Wort war. Das entspricht einer ursprünglich zugleich hebräischen und griechischen Philosophie, die den Sinn des Neuen Testaments vollkommen auf den Kopf stellt und zu einer Metaphysik des Heiligen Geistes macht.

Im Johannes-Evangelium, dem Evangelium des Heiligen Geistes, wird uns ein freierer, kühnerer Jesus und eine komplexere und mystischere Philosophie der Wirklichkeit gezeigt. Es ist nur ein kleiner, im Mittelalter schnell vollzogener Schritt von dieser Erkenntnis zu der Annahme, der Evangelist Johannes sei identisch mit dem Verfasser der Apokalypse. Und so liegt auch der Schluss nahe, Johannes der Täufer spiele in dieser Geschichte eine besondere Rolle, sei es als Vorläufer des Evangelisten Johannes, sei es, dass sie ein und dieselbe Person waren, wie vom 18. Jahrhundert an einige Freimaurerlogen lehrten.

Eines ist sicher: Aus Leonardo da Vincis ungewöhnlicher Darstellung sowohl Johannes' des Täufers wie auch des

Abendmahls spricht seine besondere Verehrung einer johanneischen, von etlichen Dogmen befreiten Spielart des Christentums, die es ihm erlaubte, mit leiserer Stimme Dinge zu verkünden, die bis dahin noch nie ausgedrückt worden waren.

Was meinte Leonardo da Vinci? Sein Denken war sicher geprägt von einer Mischung aus heidnischem, frühem kabbalistischen und johanneischen Gedankengut. Zu den heidnischen Ideen gehörten die Auferstehung der Leiber in ihrer von der Ursünde gereinigten Herrlichkeit und die Wiederentdeckung der grundlegenden Größenverhältnisse in der Welt, insbesondere des Goldenen Schnitts. Jüdischer Herkunft war die Vorstellung, das ganze Universum bestehe aus Zahlen, und die Rechenkunst liefere uns die Schlüssel dafür: Die Kabbala revolutionierte mit dieser Idee, der *Gematria,* die intellektuelle Welt der Renaissance, das Universum sollte durch mathematische Gleichungen gelesen werden können. Und zweifellos von johanneischer Inspiration war der frühe Messianismus seiner Zeit, von dem auch Leonardo da Vinci erfasst war. Er erwartete nicht die Apokalypse wie die mittelalterlichen «Narren in Christus», sondern eine vollständige und versöhnliche Offenbarung, das Licht, das im Anbeginn war und das sich gegen die Finsternis der Unwissenheit durchsetzen soll, jenes himmlische Licht, in das seine Landschaften getaucht sind. Gerade darin hatte die johanneische Frömmigkeit besonders in Frankreich eine Reihe von Traditionen der Gesellenbruderschaften fortgeführt und Traditionen kleiner Geheimgesellschaften wiederaufgenommen, wie die der gelehrten Gesellschaften nach Art der Florentiner medizinischen Akademie, die die alte Ordnung allmählich untergruben.

Ich räume gerne ein, dass Leonardo da Vinci der genialste Vordenker dieser ganzen Bewegung war und dass solche Ausblicke an den Grundfesten des Neuen Testaments rüttelten, aber nicht, dass er Jesus und Maria Magdalena für ein Ehepaar hielt, denn in allen Geheimbünden der Renaissance drehte es sich immer um eine einzige Frage: die Frage nach dem Menschsein von Jesus Christus. Christus ist ein Prophet Gottes, Christus ist ein Mensch. Er ist nicht Gottes Sohn. Die Dreieinigkeitslehre, nach der sich das Wesen des Göttlichen in drei Personen aufteilt, wurde als eine spätere theologische Erfindung angesehen. All das dachte sicher auch Leonardo da Vinci auf die eine oder andere Weise.

Und zweifellos stand er in Verbindung mit anderen häretischen Strömungen seiner Zeit. Manche schreiben ihm sogar die Erfindung der fotografischen oder quasi fotografischen Systeme zu, die für die Einfärbung des Turiner Grabtuchs verantwortlich sein sollen, jener wertvollen Reliquie, die in späterer Zeit aus dem Besitz einer der großen Familien der Champagne, die mit den Kreuzzügen und dem Templerorden verbunden waren, in den des Hauses von Savoyen gelangte. Laut einer Überlieferung war das besagte Grabtuch bei einem lokalen Konflikt im 14. Jahrhundert beinahe einem Brand zum Opfer gefallen: Die Reliquie soll den Flammen widerstanden haben.

Nun haben aber Datierungen nach der Karbon-14-Methode gezeigt, dass das Grabtuch nicht aus der Antike, sondern aus dem 15. oder 16. Jahrhundert stammt. Der Zeitraum könnte mit den Lebensdaten Leonardo da Vincis übereinstimmen. Einige englische Forscher behaupten unter Berufung auf eine esoterische Tradition, ohne einen Beweis dafür zu besitzen, um das Turiner Grabtuch herzustellen, habe jemand eine Männerbüste darin eingewickelt, und dieser jemand sei kein anderer als Leonardo da Vinci gewesen. Andere geben an, man habe die Blutspuren analysiert, die von zahllosen Wunden stammten: Auch wenn es ausgeschlossen ist, dass es sich um das Blut eines Gekreuzigten handelt, so könnte es sich doch schlicht und ergreifend um das Blut einer dritten Person handeln, die weder Jesus noch Leonardo da Vinci war. Warum also sollte es nicht Jacques de Molay gewesen sein, der Großmeister des Templerordens? Waren nicht die Familien aus der Champagne, die das Leichentuch dem Haus Savoyen übergaben, mit der Templertradition verbunden? Das wäre wirklich weit hergeholt.

Wenn eine esoterische Tradition Leonardo da Vinci eine Reihe von Wundertaten zuschreibt, die zumindest nach dem heutigen Kenntnisstand der Physik eigentlich ganz natürlich waren – theoretisch war man damals eben noch nicht so weit wie die intuitive Erkenntnis des großen Meisters –, so schließt sie damit aus, dass die traditionelle Theologie bei da Vinci durch eine dogmatische Theologie ersetzt worden sein könnte. Gerade einen solchen Dogmatismus kannten die Akademien der Renaissance nicht. Sie jonglierten mit Hypothesen. Sie gefielen sich darin, insgeheim die Lehrmeinungen der Kirche zu brüskieren. Selten gingen sie darüber hinaus.

Aus Leonardo da Vinci den Testamentsvollstrecker der Templer zu machen oder zu behaupten, er habe ihr geheimes Wissen vom Menschsein Christi, von seiner Ehe und, warum nicht, von seiner Familie verbreitet, all das bleibt reine Spekulation. Wenn Leonardo da Vinci ein Genie jenseits der Orthodoxie war, dann nicht in Bezug auf Ereignisse solcher Art.

Sollte es Offenbarungen der Templer gegeben haben, und sollten die Gesellschaften der Renaissance Zugang zum geheimen Wissen der Templer gesucht haben, dann sicherlich im Kontext eines johanneischen, zugleich gebildeteren und vergeistigten Christentums, das im Gegensatz zu einem allzu wörtlich verstandenen Christentum der synoptischen Evangelien stand.

Eine Episode hingegen – und dies ist einer der interessantesten Aspekte der Frage nach dem Vermächtnis der Templer – wurde stillschweigend übergangen: die «Affäre Jeanne d'Arc».

Die Person der Jeanne d'Arc entspricht nicht dem, was man aufgrund ihrer Herkunft erwartet hätte. Sie konnte sehr gut reiten, was zu ihrer Zeit keineswegs üblich war. Bei ihrer ersten Begegnung erkannte sie auf Anhieb Kronprinz Karl VII., als hätte sie ihn schon immer gekannt. Sie hörte Stimmen wie die Stimme der Herzogin Jolanthe von Bar oder Stimmen aus der Familie der Herzogin. Diese Familie lebte auf ihrem Lehen in Lothringen und hatte die junge Jeanne d'Arc unter ihren Schutz genommen. Daher die Vermutung einer familiären Verbindung zwischen Jeanne d'Arc und Karl VII., die im 18. Jahrhundert aufkam.

Diese auf den ersten Blick sonderbaren Thesen verdienen eine vorurteilsfreie Betrachtung: Wäre Jeanne d'Arc die Tochter von Isabelle von Bayern gewesen, wie einige behaupten, und wäre sie vor den Engländern versteckt und von einer befreundeten Familie an der Grenze zu Lothringen aufgezogen worden, wäre sie folglich die Halbschwester Karls VII. gewesen. Und ginge ihr Platz in der Erbfolge auf ihre Patentante Jolanthe von Bar sowie einige lothringische Familien zurück, die direkt mit Karl VII. verwandt waren und zugleich in einer gewissen Nachfolge der Templer standen, ließen sich viele Dinge erklären, wie die Wertschätzung, die die junge Frau auf Anhieb überall erfuhr, und ihre außerordentliche politische Begabung, denn sie bewegte sich in königlicher Gesellschaft mit derselben Unbefangenheit wie als Heerführerin.

Bei genauerer Betrachtung der Gefährten Jeanne d'Arcs stoßen wir überraschend auf eine Reihe bekannter Gesichter.

Da ist zuerst René von Anjou, «Le bon Roi René» (René der Gute), zugleich Herzog der Provence und König von Neapel, sowie Jeanne d'Arcs verlässlichste Stütze in ihren Schlachten. Und Jeanne d'Arc führte ein außerordentliches Symbol mit sich: ihr Banner, das dem Banner der Templer, dem Baussant, wie ein Zwillingsbruder glich. Als Jeanne d'Arc nach der Einnahme von Orléans das Banner an der Kathedrale anbrachte, während sie schon beschlossen hatte, auf Paris vorzurücken, sprach sie dazu das berühmte Wort: «Gestern war es in Not, da ist es ganz normal, dass es heute zu Ehren kommt.» Doch um welche Not handelte es sich?

Die Art, in der Jeanne d'Arc das Schicksal Frankreichs an eine Standarte band, die dem Baussant der Templer glich, und dies in engem Bündnis mit René von Anjou, einem Mann, der eine Hauptrolle im intellektuellen Milieu der Frührenaissance spielte und eng mit den Medici befreundet war, kann uns nur erstaunen. Auffällig und erwähnenswert sind auch die vielen Schotten in Jeanne d'Arcs Umgebung, besonders in ihrer Leibgarde.

Der Hundertjährige Krieg war in ganz Westeuropa eine verwickelte Angelegenheit. Er führte zur Loslösung Flanderns von Frankreich. Schottland begann eine Außenpolitik zu betreiben, die sich gegen England richtete und in ein enges Bündnis mit Frankreich mündete.

Erst kürzlich hat man die Niederschrift des Lieds der schottischen Freiwilligen entdeckt, die Jeanne d'Arc bei der Befreiung von Orléans begleiteten. Die Melodie wurde 1982 unter Mitterrand auf Anweisung des französischen Verteidigungsministers Charles Hernu wieder aufgegriffen. Seitdem findet sie als Militärmusik in allen französischen Armeen Verwendung und wird immer bekannter. Das Lied zeigt jedenfalls, dass die Jungfrau von Orléans zahlreiche schottische Gefährten hatte, und es macht deutlich, dass den Valois möglicherweise ein Vermächtnis der Templer zur Verfügung stand.

War Jeanne d'Arc die Testamentsvollstreckerin des Templerordens? Sicher nicht. Und wenn sie es gewesen wäre, würde ihr unerschütterlicher Glaube, den sie selbst in den schrecklichsten Prüfungen an den Tag legte, uns beweisen, dass nichts an den Templern ketzerisch war.

Hingegen sind es erwiesene historische Tatsachen, dass der katholischen Kirche viel daran lag, die junge Frau so schnell wie möglich zu verbrennen, da sie Symbole und politische Tatsachen mit Leben erfüllte, von denen die Kirche nicht wollte, dass sie wieder eine Rolle spielten, und dass die englische Krone genug Vertrauen in die katholische Kirche setzte, um ihr die Aufgabe zu überlassen, die Bewegung Jeanne d'Arcs mit Mitteln der Justiz zu unterdrücken.

Doch kehren wir zu René von Anjou zurück, den Fürsten der Alchemisten, der zentralen Persönlichkeit der französischen Frührenaissance, der schon damals italienische Künstler und italienische Ideen nach Frankreich holte. Das Überraschende daran ist die Kontinuität einer Reihe von Ideen, deren Wurzeln ins 13. Jahrhundert zurückreichen, vor allem die Idee der religiösen Toleranz. Bis zu seinem Tod hatte René von Anjou die Juden der Provence geschützt, die aus seiner Grafschaft erst vertrieben wurden, nachdem sich die königlichen Hoheitsgebiete ständig vergrößert hatten und auch dort unterschiedslos der Erlass zur Ausweisung der französischen Juden angewandt wurde, den Karl VI. gegen Ende des 14. Jahrhunderts verkündet hatte. René von Anjou übte auch Toleranz gegenüber heterodoxen Vorstellungen, die aus einer im wesentlichen griechisch-lateinischen Renaissance stammten. All das ist ein Vermächtnis jener Zeit, in der nach der Wiedervereinigung Frankreichs am Ende des Hundertjährigen Krieges religiöse Toleranz herrschte mit Vorstellungen, die man, durchaus anachronistisch, liberal nennen könnte, und die während des Hundertjährigen Krieges noch völlig unvorstellbar waren.

Es gab also tatsächlich ein Ereignis, und zwar in dem Moment, als gewisse Kreise, denen das Bündnis der Kirche mit den großen Familien aus Burgund und England bis dahin nur eine Randexistenz gelassen hatte, bestimmte verloren geglaubte Templertraditionen aus der Versenkung hervorholten, um sie für ihre Idee zur Verteidigung Frankreichs zu benutzen. Das Phänomen Jeanne d'Arc kann über Schottland sowie über René von Anjou aus dem Erbe der Templer gespeist worden sein. Aber dadurch wird Jeanne d'Arc weder zu einer Kusine noch zur Ur-Urenkelin von Jesus.

Maria Magdalena und die Schriften von Nag Hammadi

Wir sind bei unseren Nachforschungen zu Rennes-le-Château so weit wie möglich gegangen. Wir haben einige goldene Ähren aufgelesen, doch nichts, was sich in einen logischen Zusammenhang bringen ließe, nichts, was uns die Annahme erlaubte, Leonardo da Vinci habe, wie in *Das Sakrileg* behauptet wird, über sensationelle Erkenntnisse verfügt, die von der wahren Geschichte des Christentums, den Nachfahren Jesu und seiner mutmaßlichen Vaterschaft handelten. Im Übrigen lassen die historischen Fakten eine solche Behauptung nicht zu.

Gehen wir das Problem also vom anderen Ende her an. Gehen wir einmal von der Antike aus und beginnen bei Jesus und seinen Nachfolgern, um zu verstehen, welche Ereignisse ein besonderes Interesse am Süden Frankreichs rechtfertigen könnten.

Die Antwort liegt auf der Hand: Wir kennen die alte Überlieferung, die wahrscheinlich ins 2., vor allem aber ins 3. Jahrhundert nach Christus zurückreicht, in die große Zeit der Evangelisierung des Römischen Reichs, nach der Gallien bereits damals die Ehre zukam, Maria Magdalena und andere Flüchtlinge aufzunehmen, nachdem diese sich auf «ein Boot ohne Steuermann» – so die verwendete Formulierung – gerettet und damit auf dem Mittelmeer getrieben hätten, bis sie in Les Saintes-Maries-de-la-Mer an Land gegangen seien. Die Legende ist übrigens der Ursprung der Marienprozession von Les Saintes-Maries-de-la-Mer. Für die Zigeuner existiert eine mystische Einheit zwischen Frankreich und ihrer Gottesmutter, Sara-la-Kâli, der Schwarzen Sara, die die aus Indien stammenden Zigeuner zu ihrer Schutzheiligen, ihrer schwarzen Madonna erkoren haben.

Ob nun als Schwarze oder Weiße Madonna verehrt, als Maria, die Mutter Jesu, als Maria Magdalena, oder als diejenige, die mit anderen unter dem Kreuz stand und Jesus später zärtlich auf Aramäisch als *Rabbuni,* mein lieber Rabbi, begrüßte, nachdem der Auferstandene ihr zuerst erschienen war: Maria Magdalena ist seit den Anfängen des Christentums eng mit den Rätseln Galliens verbunden.

Doch aufgepasst: Die ältesten christlichen Überlieferungen widersprechen sich nicht. Es gibt keinen Streit der Regionen um ihre Heiligen. Joseph von Arimathia ist eindeutig mit England verbunden, so wie der heilige Markus der Missionar von Ägypten ist und Maria Magdalena die Missionarin von Gallien. Daher kommt die Auszeichnung, «die älteste Tochter der Kirche» zu sein, die die Päpste Frankreich seit Beginn des Mittelalters verliehen haben.

Eine allzu skeptische Voreingenommenheit ist nicht angebracht. Es besteht ein Zusammenhang zwischen der Legende um Maria Magdalena und der Verbreitung des Evangeliums in Gallien. Hat sich Maria Magdalena in La Sainte-Baume niedergelassen, wo sie der Überlieferung nach in einer Höhle begraben ist? Kann sie tatsächlich, wie die Legende behauptet, in diesem merkwürdigen, in die Höhle gebauten Kloster gestorben sein, von dem archäologische Forschungen ergeben haben, dass es zwei Jahrhunderte später gegründet wurde? Und können die Klosteranlagen die Erinnerung an Maria Magdalenas Aufenthalt möglicherweise bestätigen und ihre spätere Heiligung rechtfertigen?

Um uns zu vergegenwärtigen, welche Bedeutung Gallien im Rahmen der Geschichte vom Ende des Königreichs Judäa vor der Zerstörung des zweiten Tempels im Jahre 70 zukommt, also zu Lebzeiten von Jesus und unmittelbar danach, bedarf es eines kleinen Exkurses. Nach dem Tod von Herodes dem Großen, dem finsteren König von Judäa, der sein Leben in vollkommener Paranoia beendete, stritten sich seine Söhne um sein Erbe.

Einer von ihnen, Herodes Archelaos, wurde 6 n. Chr. von Kaiser Augustus wegen Tyrannei des Amtes enthoben und mit seinem gesamten Hab und Gut einschließlich Kurtisanen nach Vienna in Gallien verbannt, einer Stadt, die zu jener Zeit ebenso bedeutend war wie Lugdunum (Lyon). Bis zu seinem Lebensende 18 n. Chr. hielt er dort Hof unter großer Prachtentfaltung. Später, 39 n. Chr. wurde auch sein Bruder Herodes Antipas von Kaiser Caligula nach Lyon verbannt, und zwar aufgrund von Anklagen, die sein Neffe und Schwager Herodes Agrippa I. gegen ihn erhoben hatte. Wir kennen diese Geschichte, weil sein Fürsprecher beim Kaiser kein anderer war als der jüdische Philosoph Philon von Alexandria.

Nach der Verbannung der zwei jüdischen Tetrarchen entstanden in der Umgebung dieser Fürsten jüdische Gemeinden, und wir können feststellen, wie sich die ersten jüdischen

Gemeinden des gallorömischen Altertums entlang des Rhônetals aneinanderreihten. Bei Ausgrabungen im Gebiet des alten Hafens von Massilia (Marseille) wurde festgestellt, dass es dort bereits in der hellenistischen Epoche, im 2. Jahrhundert v. Chr. eine jüdische Gemeinde gegeben hat. Die jüdischen Gemeinden dieser Region gehen fast alle auf die Zeit der ersten Gründergeneration während des römischen Friedens zurück, also auf die Epoche von Tiberius bis Nero. Narbonne, der große Hafen für den Schiffsverkehr mit dem Orient, aber auch Arles, das man damals noch vom Meer aus erreichte, waren die Sammelbecken der ersten jüdischen Traditionen in Südfrankreich. Man kann noch ergänzen, dass die Veteranen aus Cäsars Legionen, die an der Eroberung Ägyptens teilgenommen hatten, in Nîmes angesiedelt wurden, weshalb die Stadt noch heute ein Krokodil im Wappen führt.

Kurz, es gab viele Verbindungen zwischen dem Orient und Gallien. Der Verweis auf die Bedeutung Maria Magdalenas für Gallien ist nahezu ebenso alt wie diese ersten Ansiedlungen. Maria Magdalena wird häufig mit der Mutter von Jesus verwechselt, die häufig und sehr früh als Madonna mit dem göttlichen Kind in den Armen erschien. Aus diesem Grund behaupten die ideologischen Freunde und Vorgänger Dan Browns beim Anblick einer Marienstatue mit Jesuskind, man müsse darin stets eine Darstellung von Maria Magdalena mit dem Sohn von Jesus sehen. Eine solche Behauptung ist völlig willkürlich und viel jüngeren Ursprungs, als man meinen könnte.

In den fünfziger Jahren wurden eine Reihe von Papyrus-Kodizes entziffert, die aus einem Fund in der ägyptischen Wüste bei Nag Hammadi stammten, wo während des römischen Kaiserreichs lange Zeit eine Gemeinschaft christlicher Dissidenten bestand, die man Gnostiker nennt. Wir kommen später noch einmal auf die Gnostiker zurück. Die Nachricht von den Nag-Hammadi-Schriften gelangte dank eines ägyptischen Philologen, Togo Mina, an die Öffentlichkeit, der die Texte zügig veröffentlichte, sehr viel schneller als dies bei den Schriftrollen vom Toten Meer der Fall war, die etwa zur selben Zeit, ungefähr 1948, entdeckt wurden.

Was erfahren wir aus diesen Schriften über das Leben von Jesus? Viele verstreute, bisweilen widersprüchliche Einzelheiten, doch vor allem beinhalten sie eines der gnostischen Evangelien, das Philippusevangelium, in Form von kurzen Paragraphen, die man griechisch *logia* nennt; es ist eine Sammlung von Sprüchen, die Jesus zugeschrieben werden. Unter diesen Sprüchen gibt es welche, die zutiefst erschütternd sind für jeden, der die synoptischen Evangelien achtet. So erklärt Jesus zum Beispiel nach dem Text des Philippus, dass sein Königreich «von dieser Welt» sei, und nicht «von oben» kommt, wie man bei Lukas lesen kann. Und es kommt noch besser: Die Jünger Jesus bestürmen ihren Meister, um sich bei ihm darüber zu beklagen, dass er zu Maria Magdalena ein besonderes Verhältnis pflege: «Weshalb liebst du sie mehr als uns alle?» «Weshalb küsst du sie auf den Mund?» Der Text ist an dieser Stelle zum Teil unleserlich, doch er konnte einigermaßen rekonstruiert werden. Nach dem Evangelium des Philippus formulierte Jesus jedenfalls eine eindeutige Antwort (ich übertreibe kaum): «Ich küsse sie auf den Mund, weil ich sie liebe.»

Natürlich geriet mit der Entdeckung der Nag-Hammadi-Schriften und trotz der Zurückhaltung der Gelehrten, die sie in den Händen hielten, das Bild von Maria Magdalena endgültig ins Wanken. Bis heute ist nicht vollständig geklärt, welche Rolle sie spielte, und einige Elemente ihrer Geschichte lassen uns auch nach der Lektüre der Evangelien fragend zurück.

Maria Magdalena nimmt eine zentrale Stellung in der Erzählung über das Leben Jesu ein. Sie schließt sich ihm aus eigenem Antrieb an und gehört bald zu seinen wichtigsten Jüngern. Diese Episode, die in keiner Weise mit den kanonischen Aussagen des Apostels Paulus über die Stellung der Frau in der christlichen Gemeinschaft übereinstimmt, lässt eine außerordentliche Freiheit bei Jesus erkennen, einen starken Willen, die Trennung der Geschlechter im Namen der göttlichen Liebe zu überwinden, und sie zeigt mit Sicherheit eine besondere Rolle von Frauen im frühen Christentum.

Wenn es bei dieser Rehabilitierung der Frau eine zentrale Figur gibt, dann Maria Magdalena, die letzte, die am Fuß des Kreuzes bei Jesus wachte, und die erste, die ihn nach der Auferstehung wiedererkannte. Wenn Maria Magdalena in den Evangelien dergestalt herausgehoben wurde, dann nicht ohne Grund. Ihre Verfasser wollten an die tiefe, unteilbare innere Verbundenheit von Jesus und Maria Magdalena erinnern.

War es eine geschlechtliche Verbindung? Klar ist, dass man diese Frage nicht mehr stellen kann, wenn man Jesus als göttliche Inkarnation definiert hat und davon ausgeht, dass er «unbefleckt» empfangen wurde – alles Begriffe, die in der christlichen Theologie erst spät erscheinen. Man hat alles getan, um die in den Evangelien durchaus eindeutigen Bezeichnungen wie zum Beispiel «Bruder des Herren» für Jakobus abzuschwächen. Einige spätere katholische und orthodoxe Interpretationen behaupteten schließlich, griechisch *adelphos* bedeute «Vetter» im hellenistischen Altgriechisch, der Sprache des römischen Orients, ohne je einen philologischen Beweis für diese Übersetzung erbracht zu haben. Außerdem hat man versucht, die Verbindungen auszublenden, die Jesus zu seiner Familie gehabt haben könnte, um dann zu leugnen, was in den Überlieferungen der Spätantike noch keinerlei Problem darstellte: Wenn Jesus der einzige Sohn Marias war und unter den bekannten Bedingungen von ihr empfangen wurde, so hatte er nach zahlreichen christlichen Überlieferungen dennoch Halbbrüder, darunter Jakobus, der wahrscheinlich eines der Kinder Josephs war. Wenn Jesus, wie mehrfach berichtet, die Frage stellte: «Wo sind meine Brüder?», dann fragte er nach leiblichen Verwandten.

Dieser Aspekt der Biographie von Jesus, der in den ersten Texten des Christentums im Wesentlichen als Mensch dargestellt wird, wurde nach und nach verwischt, auch wenn der heilige Charakter einiger Texte es nicht zuließ, dass man sie vollkommen umarbeitete. Die Überlieferung, nach der Maria Magdalena eine reuevolle Prostituierte war, stammt aus noch späterer Zeit. In den Evangelien ist davon nichts zu lesen. Zwar heißt es dort, Maria Magdalena sei eine Sünderin, doch wer auf dieser Welt ist kein Sünder, wenn er vor Jesus steht? Wie dem auch sei, inzwischen hat die katholische Kirche die Behauptung der Prostitution zurückgenommen. Die Rolle von Maria Magdalena erfährt also eine vollständige Neubewertung sowohl von gelehrter Seite wie von der Kirchenbasis. Feministische Ansätze in der Kirche, besonders in den angelsächsischen Ländern, zeigen, dass Jesus den Frauen weitaus mehr Rechte einräumte als seine paulinischen Nachfolger.

Die Frage nach dem Status des Philippusevangeliums wie überhaupt der gnostischen Nag-Hammadi-Schriften stellt sich ein wenig anders. Das Philippusevangelium ist ein gnostischer Text. Das weist nicht in Richtung einer tatsächlichen Heirat von Jesus und Maria Magdalena. Die Gnostiker weichen in der Tat von der Doktrin der christlichen Gemeinden ab, zumindest stehen sie für eine beträchtliche Neuerung innerhalb des Christentums.

Dass diese Fragen in Ägypten ihren Ausgang nahmen, ist kein Zufall. Unter dem Einfluss der städtischen Hochkultur von Alexandria setzte zu jener Zeit eine lebhafte philosophische Spekulation ein, und die ägyptischen Gnostiker schlugen genau den entgegengesetzten Weg zu den judaisierenden Christen ein. Diese Judenchristen, die dem traditionellen Judentum eng verbunden waren, vertraten die Vorstellung, Jesus sei ein Prophet Israels, zwar der größte unter allen Propheten, aber eben ein Prophet wie Samuel, Jeremia, Ezechiel oder Amos. Für sie blieb Jesus ein Mensch, als Mensch empfangen und geboren, damit die Menschheit erlöst werde.

Der Apostel Paulus setzte dieser jüdisch-christlichen Auffassung die Vorstellung entgegen, Jesus, der Sohn, sei identisch mit dem Vater, dem einzigen Gott, sie würden zwei Aspekte einer einzigen und identischen Realität bilden. Um das johanneische Denken zu integrieren, fügte man später noch den Heiligen Geist hinzu, was im 4. Jahrhundert auf dem Konzil von Nicäa zum nicäischen Glaubensbekenntnis, dem Bekenntnis zur Dreifaltigkeit führte: Gott in drei Hypostasen, die aber als Einheit begriffen wurden. Auf dem Konzil von Chalcedon (451) wurde diese theologische Entscheidung endgültig bestätigt, die heute die Grundlage der christlichen Lehre bildet. Lediglich einige orientalische Kirchen, die ägyptischen Kopten sowie armenische und syrische Christen, haben diese theologische Entwicklung nicht mitgemacht.

Was die Gnostiker anbelangt, so ist Jesus für sie nur die Inkarnation eines göttlichen Prinzips und gehört nicht zu einer liebenden Menschheit. Im Gegenteil, er steht auf der Seite des Göttlichen, weshalb ihm die Leiden unserer endlichen Welt auch niemals etwas anhaben konnten. Es stellt also einen ziemlichen Widerspruch dar, wenn eine gnostische Schrift als Beweis für eine Heirat von Jesus herangezogen wird. Denn dieser gnostische Text soll zeigen, dass die Liebe von Maria Magdalena zu Jesus in Wirklichkeit nichts anderes war als die göttliche Vereinigung mit einer Person, die bereits über der gewöhnlichen Menschheit stand.

Man fühlt sich an den Isis-Kult erinnert und an die Liebe der Göttin Isis zu ihrem Gatten Osiris – die Maria Magdalena der Nag-Hammadi-Schriften nimmt somit einige theosophische Aspekte der Isis auf –, als wäre das alles bloß in die christliche Sprache der neuen Zeit übersetzt worden. Kurz, der Text des Philippusevangeliums ist in keiner Hinsicht ein schlagender Beweis für eine Ehe oder auch nur für eine menschliche Liebesbeziehung von Jesus.

Kein Text belegt, dass Jesus mit Maria Magdalena verheiratet war. Wenn es nur um die Frage geht, ob Jesus überhaupt verheiratet war, ergibt sich ein anderes Bild. Nach der traditionellen, rabbinischen Auffassung des jüdischen Glaubens, die Jesus genau kannte, obwohl sie erst im Entstehen begriffen war, konnte nur derjenige lehren, der die Gebote erfüllte. Die Ehe ist im rabbinischen Judentum jedoch ein absolutes Gebot. Wer nicht verheiratet ist, hat nicht das Recht den Titel *Rabbi* zu führen, den Jesus in den Evangelien stets trägt. Daraus lässt sich schließen, dass Jesus verheiratet war.

Dieses theologische Argument lässt sich schwer widerlegen. Doch man kann sich damit herausreden, dass diese Vorschriften erst zur Zeit des Talmuds gefestigt waren, also ungefähr einhundertfünfzig Jahre nach dem Tod von Jesus, und dass in jener Krisenzeit des Judentums eine größere Freiheit bei der Auslegung des Gesetzes bestand. Denken wir nur an die Essener, die wahrscheinlich die Verfasser der meisten Handschriften vom Toten Meer sind. Die entlang des Toten Meers und im Jordantal verstreuten christlichen Gemeinden scheinen ein eher striktes Zölibat gefordert und jegliche sexuelle Praxis vehement abgelehnt zu haben. Wenn also Jesus wie Johannes der Täufer, der zu den Essenern zählte, Beziehungen zu diesen asketischen Gemeinschaften hatte, konnte er durchaus den Titel «Meister», «Rabbi» geführt haben, ohne verheiratet gewesen zu sein. Die Argumentation in den Veröffentlichungen von Leigh, Baigent und Lincoln, die Dan Brown wieder aufgreift, ist bei näherer Betrachtung also keineswegs so stichhaltig, wie sie vorgibt.

Das ändert nichts daran, dass kritische Geister seit der Entdeckung des Philippusevangeliums Maria Magdalena nicht nur die Stellung geben wollen, die ihr im Zeitalter der Apostel zukam, sondern ihr zudem eine andere Position zusprechen, nämlich die einer verheirateten Frau.

Maria Magdalena und die Anfänge des christlichen Frankreich

Eine Gewissheit haben wir erlangt: Maria Magdalena war eng mit dem Leben von Jesus verbunden. Sie spielte eine zentrale Rolle bei der Verkündung seiner Botschaft. Nach der Kreuzigung kam sie nach Gallien und wurde dort zu einem überaus wichtigen Baustein bei den ersten Bemühungen zur Christianisierung Westeuropas. Ob sie mit Jesus verheiratet war? Das bleibt völlig ungewiss. Dazu musste jene neue Generation von Interpreten, deren talentierter Repetitor Dan Brown ist, zuerst einmal unterstellen, dass Leonardo da Vinci über alles Bescheid wusste. In seinen Gemälden finden sich jedoch keinerlei Beweise dafür. Sodann bedurfte es des Nachweises, dass die Hochzeit irgendwo beschrieben war, denn selbst wenn Maria Magdalenas Liebe, die in den synoptischen Evangelien nur latent durchscheint, in den Nag-Hammadi-Schriften und besonders im Philippusevangelium betont wird, geht dieser Text nicht so weit, von einer Ehe zu sprechen.

Es bedurfte folglich einer Reihe zusätzlicher Manipulationen wie die Behauptung, die andere in den Evangelien erwähnte Maria, die Schwester von Martha – die im Vergleich zu ihrer Schwester zwar weniger eifrig erscheint, allerdings nicht weniger stark in ihrem Glauben –, sei identisch mit Maria Magdalena. Man kann sogar noch weiter gehen. In Anbetracht der Tatsachen, dass Lazarus der Bruder von Martha und Maria war und dass die Hochzeit von Kana im Beisein Jesu gefeiert wurde, der dort Wunder vollbrachte, ist es durchaus vorstellbar, dass die Hochzeit von Kana nur aus einem Grund abgehalten wurde: Weil es sich dabei um Jesu eigene Heirat handelte. Und wen heiratete er? Wer war die glückliche Braut? Maria, natürlich, Maria Magdalena, die Schwester von Martha und Lazarus, die identisch ist mit der Maria der Seligpreisungen. Will man die Sache noch weiter treiben, zumal es sich bei der Hochzeitsgesellschaft offenkundig um eine Patrizierfamilie handelte, ließe sich spekulieren, dass Joseph von Arimathia, der dem *Sanhedrin* oder Hohen Rat und der Partei der Sadduzäer angehörte, der Mann also, der Jesus in einer traditionellen jüdischen Grabstätte beisetzte, niemand anderes war als sein Schwiegervater.

Diese Version ist, wie andere auch, ein hübsches Märchen. Von historischem Wert könnte sie nur sein, wenn alte Bruchstücke dieses Berichts überdauert hätten. Selbst die antichristlichen Polemiken aus der Antike, von denen Fragmente erhalten sind, namentlich die des Philosophen Celsus, geben keinen Hinwies auf diese biographische Vermutung. Und wenngleich die historische Gestalt Jesu nicht bestritten wird, so behauptet doch niemand, er habe ein Eheleben oder Liebesleben geführt mit allem, was dazu gehört. Dass Martin Scorsese mit seiner auf dem Roman *Die letzte Versuchung Christi* des griechischen Schriftstellers Nikos Kazantzakis basierenden Verfilmung dieser Story einen großen Kinoerfolg landete, verleiht der Geschichte keine historische Wahrheit. Wenn Maria Magdalena eine historische Gestalt ist, dann war sie mit Gallien verbunden. Ja, sie liebte Jesus, und vielleicht wurde sie auch von ihm geliebt, aber ihre Liebe muss nicht unbedingt eine geschlechtliche Liebe gewesen sein. Alles andere sind nur allerlei wirre Hirngespinste, mit denen wir unsere Wissenslücken etwas zu leichtfertig schließen.

Fest steht lediglich, dass Maria Magdalena der Ausgangspunkt einer besonderen Verehrung des Christentums in Gallien war und dass sie mit der Judenchristenheit in Verbindung gebracht werden kann, die bei der Entwicklung des antiken Christentums vor allem im Westen des Römischen Reichs eine wichtige Rolle spielte. Wir wissen, dass in dieser Region über einen langen Zeitraum hinweg zwei Kirchen nebeneinander existierten. Die eine gründete auf den ersten jüdischen Gemeinden oder auf dem erweiterten Begriff einer jüdischen Gemeinde und hielt sich strenger an das Alte Testament und die Gesetze, die für die jüdische Welt galten. Diese Judenchristen, die seit einem Jahrhundert erforscht werden, wobei besonders die Leistung Kardinal Jean Daniélous hervorzuheben ist, waren wichtige Vermittler zu Beginn der Christianisierung. Auf diesem Fundament baute ein zweites Christentum auf, das durch die paulinischen Predigten begründet wurde, ein Christentum heidnischen, vor allem römischen oder griechischen Ursprungs, das sich mehr im Osten ausbreitete, bevor es sich nach und nach mit dem ersten Christentum verband und bei der endgültigen Niederschrift der Evangelien ebenso wie bei der Gestaltung des Gottesdienstes Kompromisse schloss.

Ein Mann wie der Benediktiner Jean Mabillion, der zu den Begründern der Geschichtswissenschaft im 17. Jahrhundert zählt, hat sich – nicht ohne eine gewisse Unverfrorenheit – für die Rolle des ungesäuerten Brotes beim Osterfest der frühen Christen in Westeuropa interessiert. In der byzantinischen Kirche spielte das ungesäuerte Brot seit dem 9. Jahrhundert keine Rolle mehr, während man in Frankreich, Spanien und vor allem in Irland, dem keltischen Christentum, noch im Hochmittelalter daran festhielt. All das weckte großes Interesse bei Mabillon.

Es gibt zumindest eine sehr treffende Legende, die besonders im okzitanischen Süden verbreitet ist und die vom gemeinsamen Martyrium eines gewissen Celsus (nicht des Philosophen Celsus) und eines Nazarius erzählt. Beide Namen sind ein Hinweis auf das Amalgam der beiden Arten des Christentums, von denen oben die Rede war. Celsus ist ein römischer Name: Er war ein christlicher Römer aus Lyon, der ganz Gallien missionieren wollte. Nazarius war dem Namen nach Semit, ein *nassir,* nach der jüdischen Tradition also ein Mann, der geschworen hat, sich weder das Haupthaar noch den Bart zu schneiden, ähnlich wie heute die indischen Sikhs, um damit seine fromme Ergebenheit in Gottes Willen zu bezeugen. Nazarius ist ein Judenchrist, und Celsus ein Heidenchrist. Oft werden sie miteinander in Verbindung gebracht wie in Narbonne oder in Rennes-le-Château in der Kapelle von Celsus und Nazarius, und so findet man sie in Südfrankreich häufig als Paar.

Man kann darin einen deutlichen Hinweis auf die vielschichtige Zusammensetzung der Kirche in Frankreich während der Römerzeit sehen. Noch im Mittelalter bekämpfte der große Talmud- und Bibelgelehrte Raschi, der zur Zeit der Kreuzzüge in Troyes in der Champagne lebte, die volkstümlichen jüdischen Überlieferungen. Den Apostel Petrus erklärten letztere zum Beispiel zum Verfasser eines der berühmten

Gebete am Schabbat-Morgen, *Nischmat kol Chaj*, einem besonders ergreifenden Lobpreis alles Lebendigen. Raschi widersetzte sich immer wieder dieser Überlieferung.

Man kann die Narbe erkennen, die von der Existenz einer bedeutenden judenchristlichen Kirche in der Spätantike zeugt. Diese Kirche stand namentlich mit Maria Magdalena und dem Hof des Herodes Archelaos in Vienna am Anfang eines neuen Christentums, das sich nur langsam von seinen jüdischen Traditionen löste.

Dazu noch eine Überlegung: Wer hofft, das Grab Christi in der Geschichte von Rennes-le-Château zu finden, sollte es denn je einen Christus gegeben haben, der der Kreuzigung entgangen und nach einem Zusammenleben mit Maria Magdalena in Gallien gestorben ist, vergisst eines: Sollte dieses Grab tatsächlich existiert haben, muss es längst verschwunden sein. Nach jüdischer Tradition werden Tote ohne Sarg bestattet. Sicher, fern von Israel kam auch eine Bestattung im Sarg in Frage, doch in der jüdischen Tradition wird die Grabstätte nicht besonders gestaltet. Sie kann nicht zum Heiligtum werden, kann nicht als Pilger- oder Kultstätte dienen. Jesus wäre auf ebenso unauffällige Weise bestattet worden wie in jenem Felsengrab, in das Josef von Arimathia seinen Leichnam nach der Kreuzigung brachte.

Die Idee, Jesus könne in Gallien begraben worden sein, halte ich für Unsinn. Ebenso die Vorstellung, Jesus habe Nachkommen gehabt, die mit Maria Magdalena nach Gallien gekommen seien. Aus gutem Grund: Denn wären diese Nachkommen direkte Abkömmlinge von Jesus gewesen, wäre es der Kirche in einer Zeit, in der das römische Kaiserreich seine Macht ebenso wie seine Feindschaft gegenüber dem aufkeimenden Christentum voll entfaltete, sicher nicht gelungen, diese Herkunft zu verheimlichen. Dann hätten wir in den antichristlichen Polemiken und im politischen Leben des römischen Kaiserreichs ganz klar Spuren dieser Ereignisse finden müssen.

Richtig ist allerdings, dass Leigh, Baigent und Lincoln den Text eines Historikers aus jener Epoche wiedergefunden haben, der Bezug nimmt auf einen gemeinsamen Weg der Nachkommen Jesu, der sogenannten *Desposyni,* also der «Verwandten» von Christus, die angeblich eine Sonderstellung in der Kirche für sich forderten, nachdem das Christentum zur römischen Staatsreligion geworden war. Diese soll ihnen verweigert worden sein. Natürlich kann es auch unter den römischen Christen Leute gegeben haben, die sich rühmten, Nachfahren von Jesus zu sein, ebenso wie im Islam einige Familien beanspruchen, von Mohammed abzustammen. Abgesehen davon schloss der Begriff *Desposyni* viele ein und meint vielleicht ebenso die Kinder von Johannes, die Kinder der Vettern und Brüder von Jesus oder auch Nachkommen von Familien, die durch dynastische Erbfolge oder Einheirat mit den frühen Aposteln verbunden sind. Gut möglich, dass die Nachfahren dieser Gruppen stolz auf die Rolle waren, die ihre Vorfahren spielten. Andererseits ist es interessant, dass eine Kirche, die sich anschickte, ihren historischen jüdischen Wurzeln den Rücken zu kehren, um immer universeller zu werden, ihnen jede Sonderrolle innerhalb der Kirchenorganisation verwehrte.

Kurz, die Annahmen, im Razès befinde sich das Grab Jesu oder das Grab seiner Kinder, da auch diese sich in Rennes-le-Château niedergelassen hätten, und dieses erschütternde Geheimnis sei den Templern ebenso wie einigen Geheimgesellschaften in ihrer Nachfolge bekannt gewesen, erscheinen uns schlicht und einfach absurd.

Schließlich sei daran erinnert, dass das jüdische Gesetz es

nur bei zwingendem Grund erlaubt, einen Leichnam auszugraben und umzubetten. Wenn aber der Leichnam von Jesus nicht in seinem Grab in Jerusalem verblieben wäre, dann hätte es mit Sicherheit eine feierliche Umbettung geben müssen, wie sie für fromme Juden Pflicht gewesen wäre. Daher ist es wenig wahrscheinlich, dass man seinen Leichnam auf die Reise geschickt hatte.

Ist demnach alles nur Legende? Das sicher nicht. Nostradamus zum Beispiel, der Wahrsager aus Salon-de-Provence, der aus einer jüdischen Familie stammte, die ebenfalls im Razès lebte, erwähnt das «Rätsel des Großen Römers». Seine Texte legen nahe, dass dieses Rätsel eine Gestalt von großer geographischer Nähe betrifft, vielleicht jenen Gefährten Cäsars, auf dessen Spuren man im Zusammenhang mit der Stadtgründung von Glanum bei Saint-Rémi-de-Provence gestoßen ist und der insgeheim eine wichtige Rolle in dieser Epoche gespielt haben könnte. Nach Nostradamus könnte dieses Geheimnis, das man noch nicht erhellt hat, auch am Ursprung der Christianisierung Südfrankreichs stehen.

Vorstellbar ist auch, dass dem frühen Christentum die Gewogenheit und Unterstützung entweder vonseiten Herodes' Archelaos zugute kam, der damit die Grausamkeit Salomes gegenüber Johannes dem Täufer abbüßte, oder vonseiten jener unbekannten Person aus Glanum, die vielleicht ein enger Gefährte Cäsars war, vielleicht der Sohn eines jener jüdischen Kampfgefährten, die ihm bei der Eroberung von Ägypten geholfen hatten? Oder war sie ein Cousin von Herodes I.? Könnte es nicht sein, dass die frühen gallischen Christen unter dem besonderen Schutz dieser Herrscherfamilie standen, was bestimmte Vorkommnisse erklären würde, über die man schweigen musste? Zum Bild der Epoche gehören auch Ausnahmeerscheinungen wie der Erzbischof von Arles, Caesarius, der im 5. Jahrhundert den Schutz der Juden in seinem Bistum garantierte und der von Juden und Christen in einer mehr als ökumenischen Feier gemeinsam unter Gesängen zu Grabe getragen wurde.

Alle diese Überreste einer verschwundenen Welt haben möglicherweise zur Entstehung und Verbreitung einer Legende beigetragen, die mit den Ursprüngen des Christentums in dieser Region Südfrankreichs einerseits und dem Rhônetal andererseits zusammenhängt. Vielleicht haben jüngere Überlieferungen, etwa durch René von Anjou und seine Schützlinge, wieder etwas davon aufgenommen.

Daraus zu schließen, dass die Rätsel Südfrankreichs mehr oder weniger im Zusammenhang mit der Nachkommenschaft von Jesus stünden, kommt einem *Salto mortale* gleich. Am wahrscheinlichsten ist, dass Jesus bereits tot war, als Maria Magdalena in Gallien ankam, dass sie nicht im strengen Sinn seine Frau war, dass er keine Kinder mit ihr hatte und dass diese Vorstellungen Lügengeschichten sind, die aus dem Dunstkreis der Prieuré de Sion, also Plantards, stammten und von findigen Köpfen wie Robert Ambelain verbreitet wurden.

Es gibt allerdings auch ein echtes Geheimnis, das einen Bezug zu Südfrankreich hat – das Geheimnis des Schatzes von Jerusalem. Hier bewegen wir uns auf festerem Boden, hier gibt es zumindest Indizien. Worum handelt es sich?

Dieser Schatz befand sich im Keller des Zweiten Tempels von Jerusalem, mit dessen Bau die Juden nach der Rückkehr aus Babylonien im 6. Jahrhundert vor Christus begonnen hatten. Dort wurde er bis zur Einnahme durch die Römer unter Kaiser Vespasian und seinem Sohn Titus im Jahr 70 nach Christus aufbewahrt. Man weiß, dass eine große Anzahl von Gegenständen im Triumph nach Rom gebracht wurde, besonders die berühmte Menora, der siebenarmige Leuchter, der auf dem Podest des Allerheiligsten des Tempels gestanden hatte. Diese Menora wurde beim Triumphzug Vespasians 72 in Rom von Legionären mit ausgestreckten Armen getragen und im Forum Romanum auf dem Triumphbogen des Titus aufgestellt zur Erinnerung an jenen ruhmreichen Augenblick im Leben des jungen Kaisers, der ein Jahr nach dem Ausbruch des Vesuvs von einer Krankheit dahingerafft wurde.

Was ist danach mit der Menora geschehen? Was ist aus dem goldenen Schaubrottisch geworden, was aus dem Geschirr aus purem Gold? Wohin sind die Gegenstände gelangt, die den Innenraum des Großen Tempels schmückten und die einige Schmuckstücke aus dem Ersten Tempel nachbildeten, die nach seiner Zerstörung durch Nebukadnezar verschollen waren? Es kam natürlich vor, dass die Römer ihre Beuteschätze einschmolzen. Man weiß aber auch, dass nicht alle Trophäen, die die Römer mitbrachten, dieses Schicksal teilten. Falls der Jerusalemer Tempelschatz nicht vernichtet wurde, stellt sich die Frage, was aus ihm wurde, nachdem der Westgotenkönig Alarich I. im Jahre 410 den Po überquert, Rom belagert sowie alle Kunst- und Goldschätze geplündert hatte, die bis dahin im Aerarium populi Romani, der römischen Staatskasse im Saturntempel auf dem Forum Romanum aufbewahrt worden waren.

Nach der Verwüstung Roms zog Alarich mit seiner Beute weiter. Er verheerte mit seinen Kriegern die Ufer des Mittelmeers und starb, reich an Gold und Gefolgsmännern, in der Nähe von Cosenza in Süditalien, wo man ihn vermutlich nach germanischem Brauch mitsamt seinen Schätzen im Bett des Flusses Busento bestattete – es sei denn, die Westgoten hätten diese auf ihrem weiteren Weg nach Frankreich mitgenommen, so dass sie möglicherweise dem Grab des achten Westgotenkönigs, Alarichs II., beigegeben wurden, der 507 in der Schlacht von Vouillé fiel und den man auf einem einsamen Berg in Südfrankreich bestattete. Handelt es sich um die «Montagne d'Alaric» zwischen Carcassonne und Narbonne, gut bekannt bei der Bevölkerung des Aude? Sollte dies der Fall gewesen sein – über diese Hypothese wurde schon viel Tinte vergossen –, dann wurden seine wirklich wertvollen Schätze vielleicht in Höhlen oder in schwer zugänglichen Gebieten im Süden des Départements Aude verborgen, also in den Corbières. Diese These scheint zumindest das etwas zweifelhafte Zeugnis des byzantinischen Historikers Prokopios von Caesarea zu bestätigen, nach dem der Schatz von Jerusalem sich noch in den Händen der Westgoten befunden habe, als dieser Stamm längst besiegt war.

Die unzerstörte Menora und andere Gegenstände von massivem Gold aus dem Zweiten Tempel sollen also irgendwo zwischen dem Aude und der Ariège versteckt worden sein. Von ihrem Besitz träumten viele Menschen im Mittelalter sowie später die Geheimgesellschaften. Es ist durchaus möglich, dass man eines Tages die Spur dieses Schatzes finden wird. Angesichts der rauen Sitten, die während der Herrschaft der Westgoten überall herrschten, ist es allerdings wahrscheinlicher, dass ein Teil des Schatzes verstreut oder eingeschmolzen wurde.

Immerhin ist daran zu erinnern, dass Ende des 19. Jahrhunderts der große Gelehrte Sylvain Joffus, der Archivar der Bibliothek des Départements Aude, nach Prüfung der lokalen Überlieferungen die Überzeugung äußerte, dass sich die Menora zur Zeit der Westgotenherrschaft in Carcassonne befunden habe. Joffus, ein Mann von Bildung und hohem Ansehen, glaubte außerdem, die Menora sei noch immer im Aude versteckt. Auch Maurice Leblanc weist ausdrücklich auf die Menora hin. Und dann ist da noch die Behauptung, die sich auf einen Geheimdienstbericht stützt, rätselhafte israelische Forscher, in Wahrheit Agenten des Mossad, hätten Anfang der siebziger Jahre die Gegend durchkämmt.

Wenn das alles ist, welch enttäuschendes Ende hat nun die Geschichte vom großen Mysterium Rennes-le-Château! Selbst ein Schatz wie der Tempelschatz von Jerusalem ist und bleibt ein materieller Schatz, faszinierend für Sammler und für Historiker von großem Interesse, doch für die meisten Menschen, die die Wahrheit wissen wollen, völlig belanglos.

Der König der Juden kommt ins Spiel

Der Süden Frankreichs birgt tatsächlich ein Geheimnis. Es steht aber in keinem Zusammenhang mit den Anfängen des Christentums in Gallien. Von zahlreichen Legenden muss man sich irgendwann einmal verabschieden, zumindest jedoch einräumen, dass sie nur ein bescheidenes Körnchen Wahrheit enthalten. Für mein Gefühl ist die Geschichte von Maria Magdalena und ihrem Ende in einer Einsiedelei im römischen Gallien, das sich gerade für die Offenbarung aus dem Orient öffnet, wahr. Doch ich bezweifle, dass man eines Tages Beweise dafür finden wird.

Ob es sich um Maria Magdalena oder um die Nachfahren des Herodes Archelaos handelt oder auch um Verwandte des Herodes, die als Heerführer der römischen Armee in Glanum angesiedelt wurden, um welche dieser Legenden aus Südfrankreich auch immer es geht, keine davon hat etwas mit der Herkunft des Schatzes von Rennes-le-Château zu tun. Sie spielen keine Rolle in dieser Geschichte, die nicht so alt ist, wie man meint, und schon gar nicht auf so direkte Weise überliefert wurde.

Dagegen bewahrheitet sich – nicht weniger geheimnisvoll – das Auftreten eines «Königs der Juden», das heißt eines Würdenträgers, der zum ersten Mal unter der Herrschaft Karls des Großen in Erscheinung trat, obgleich man davon ausgehen sollte, dass dieses Amt schon etwas länger existierte. Dieser König der Juden war in Narbonne ansässig, wenige Kilometer von den Corbières und der Region um Alet und Rennes-le-Château entfernt.

Ende des 19. Jahrhunderts sichtete François Rénier, ein an der École des Chartes ausgebildeter Archivar, eine Reihe bekannter karolingischer Pergamente, die einen König der Juden in Narbonne, seine Rolle und den Schutz erwähnen, den ihm die weströmischen Kaiser gewährten, also Karl der Große und besonders dessen Sohn Ludwig der Fromme. Welche Würde mit dem Titel «König der Juden» verbunden war, ist nicht klar. Handelte es sich um einen echten Monarchen? Die modernen Historiker verneinen dies. Ihrer Auffassung nach war der König der Juden vielmehr das Oberhaupt einer karolingischen Verwaltungseinrichtung, die aus jenem König der Juden den Anführer aller jüdischen Gemeinden der Diaspora im weströmischen Reich machte, dessen Einheit Karl der Große gerade mehr oder weniger sichergestellt hatte.

In derselben Epoche gab es in der muslimischen Welt ein Kalifat, das als einzigen Verhandlungspartner aller jüdischen Gemeinden in seinem Herrschaftsgebiet nur den Exilarchen anerkannte, den Anführer der Exiljuden, *Meor ha Gola* auf Hebräisch. Der Exilarch war der höchste nicht muslimische Würdenträger im muslimischen Reich und nahm an allen offiziellen Zeremonien des Abbasiden-Kalifats in Bagdad teil.

Karl dem Großen war es dank jüdischer Händler in seinen Diensten gelungen, Handelsbeziehungen mit dem Abbasiden-Kalifen Harun ar-Raschid aufzubauen, der übrigens ein Held in den *Geschichten aus tausendundeiner Nacht* ist. Zur Zeit des umayyadischen Emirats von Cordoba wollte Harun ar-Raschid seinen umayyadischen Rivalen, den Kalifen von Cordoba, loswerden, der den Anspruch erhoben hatte, die Dynastie des ersten Kalifats im muslimischen Spanien alleine fortzusetzen. Unterdessen hatte Karl der Große Spanien angegriffen.

Karl der Große und Harun ar-Raschid hatten sich offensichtlich dem altbekannten Motto «die Feinde meiner Feinde sind meine Freunde» verschrieben und über Mittelsmänner darüber gesprochen, wie sie Spanien auf Kosten der Umayyaden von Cordoba oder ihrer angeblichen Nachkommen unter sich aufteilen könnten. Die Europäer lernten viel von dieser arabischen Welt, die damals unangefochten Schrittmacher der Kultur war. Was die Behandlung der jüdischen Gemeinde im wiederhergestellten Kaiserreich betraf, ist keineswegs ausgeschlossen, dass die karolingische Dynastie in Anlehnung an das muslimische Modell einen «König der Juden» schuf, den es bis dahin nicht gegeben hatte.

Nach dem Jahr 1000 schweigen die Quellen über diesen König der Juden, bis der Titel plötzlich wieder auftaucht: «der König der Juden, dessen Residenz in Rouen in der Normandie liegen soll» – inzwischen haben Grabungen in Rouen eine bedeutende jüdische Siedlung an den Tag gebracht, was uns zu der Annahme führt, es könnte unter Wilhelm dem Eroberer und seinen direkten Nachkommen, den Plantagenêts, tatsächlich einen König der Juden in Rouen gegeben haben.

Welche Rolle, dieser König der Juden gespielt haben könnte, ist umstritten. Er war der Vorsitzende des höchsten rabbinischen Gerichts eines großen Gebietes in Europa. Die fortschreitende Zerstückelung dieses Europas hat sein Amt und seine Funktion nach und nach zum Verschwinden gebracht. Sein Rückzug nach Rouen war ein Zeichen von Resignation bei den Juden, die den Herzögen der Normandie folgten, die sich aus noch unbekannten Gründen entschlossen hatten, als Schutzmacht der Juden aufzutreten.

Wenn eine Gestalt zu jener Zeit in Südfrankreich Rätsel aufgibt, dann dieser König der Juden, dessen Existenz fast vollständig im Dunkeln liegt. Man weiß lediglich, dass die Karolinger zu jener Zeit den Juden wohlgesonnen waren, dass ein Gefolgsmann Kaiser Ludwigs des Frommen, Graf Bodo, Zuflucht im muslimischen Spanien suchte, um dort Mitglied der jüdischen Gemeinde zu werden, sofern er nicht, frisch konvertiert, an den Hof des Kaisers zurückkehrte, und dass ebenfalls unter der Herrschaft Ludwigs des Frommen der Erzbischof von Lyon, Agobard, in seinem Pamphlet *Contra Judaeos,* «Gegen die Juden», die hohen Positionen anprangerte, die Juden seiner Meinung nach unpassenderweise im politischen und sozialen Machtgefüge einnahmen.

Hier stehen wir vor einem echten Rätsel der Geschichte. Etliche Berichte aus der Zeit der Karolinger stimmen darin überein, dass unter Karl dem Großen eine jüdische Ritterschaft existierte, die an allen Kriegen des Kaisers gegen die Sarazenen beteiligt war, mit ihm die Pyrenäen überschritt, die Grenzen des Kaiserreichs verteidigte und von Karl dafür belohnt wurde.

Daraus und aus der Existenz eines Königs der Juden lassen sich eine Reihe von Schlüssen ziehen. Im Reich der Karolinger war Juden keine berufliche Beschränkung mehr auferlegt. Sie zogen in den Krieg. Sie besaßen Pferde und Waffen. An ihrer Spitze standen echte Ritter, und sie erhielten einen Anteil an der Beute, wenn der gemeinsame muslimische Feind besiegt war. Warum ist von dieser Bedeutung der Juden nichts bis zu uns durchgedrungen, warum war diese schon im Jahr 1000 fast völlig in Vergessenheit geraten? Ganz einfach: Weil sich ein Teil dieser im Reich der Franken assimilierten Ritterschaft wie ihre fernen Nachfolger, die jüdischen Eliten im Spanien des 15. Jahrhunderts, innerhalb von ein oder zwei Generationen taufen ließ.

Das ändert nichts daran, dass sich die Frage nach einem Königreich der Juden im feudalen Frankreich stellt. Ein amerikanischer Gelehrter, Arthur J. Zuckerman, hat mittelalterliche jüdische Schriften von der Iberischen Halbinsel daraufhin überprüft und ist zu dem Schluss gelangt, dass es das jüdische Königreich tatsächlich gab: Es sei aus dem jüdischen Widerstand gegen die Invasion der Araber in der Region des heutigen Languedoc und aus dem Bündnis hervorgegangen, das die Juden zu dem Zeitpunkt mit den Karolingern geschlossen hatten.

Haben wir uns zu weit von Rennes-le-Château und den dortigen Vorgängen entfernt? Nicht so weit, wie es scheinen könnte. Sollte es wirklich eine Art jüdisches Fürstentum im Vasallenverhältnis zu den karolingischen Kaisern gegeben haben, dann müsste dieses Fürstentum Namen in der Geschichte hinterlassen haben. Jüdische Schriften, die in Spanien gefunden wurden, nennen Personen mit hebräischen Namen, etwa Makhir, die unter Karl dem Großen eine wichtige Rolle gespielt haben. Daraus darf man schließen, dass es zwischen dem Haus der Karolinger und seinen jüdischen Untertanen zu einer Übereinkunft über die Einsetzung eines Exilarchen kam, eines Oberhaupts der Diaspora, der behutsam mehr oder weniger selbstständig einige der Funktionen übernahm, die einst denen des Hohepriesters im Tempel von Jerusalem vor seiner Zerstörung entsprachen.

Wie konnte ein so hochrangiger Würdenträger in der Folge unbemerkt bleiben? Die Antwort ist einfach: Wie häufig im Mittelalter durch Maskierung. Man weiß, dass einer der wackersten Recken Karls des Großen ein Grundherr namens Guilhem de Gellone (Wilhelm von Aquitanien) aus Südfrankreich war, der Karl den Großen in alle Schlachten folgte und zu einer legendären Gestalt wurde. Nach späteren Berichten soll Guilhem de Gellone sogar das Ritterleben aufgegeben und in der Nähe von Montpellier in dem alten Dorf Gellone das große Kloster von Saint-Guilhem-le-Désert gegründet haben, wo er sich für den Rest seines Lebens frommen Werken widmete, für die er heilig gesprochen wurde.

Abgesehen davon, dass die Schule von Gellone zu Beginn, bevor sie zum Kloster wurde, offenbar einer rabbinischen Schule geglichen hat, auf deren schriftliche Spuren Zuckerman stieß, findet man dort noch heute sehr merkwürdige Dinge. So steht an der Tür, die ins Kloster Saint-Guilhem führt, der Name «Guimel» auf Französisch. Das ist der hebräische Buchstabe für das G, die Initiale von Guilhem. In den Tagebüchern von Bérenger Saunière gibt es eine Anspielung auf einen gewissen Guilhem. Müsste man nicht, statt in Richtung Jesus zu forschen, vielmehr in diese ungleich bescheidenere Richtung blicken und versuchen zu verstehen, welche Bedeutung dieser jüdische Einfluss für das karolingische Christentum haben konnte?

Und weiter: Haben die Karolinger nicht die Juden von allen Beschränkungen befreit, selbst von den leichteren, die ihnen im muslimischen Spanien auferlegt waren? Hat nicht diese Politik der Karolinger die erste Begegnung des Judentums mit dem Christentum ermöglicht, die am Anfang des europäischen Abendlands steht? Diese Frage kann, ebenso wie die Frage nach der wahren Identität von Guilhem de Gellone, auch anders gestellt werden: Gibt es aus jener Zeit noch einen anderen Hinweis auf die jüdische Emanzipation außer den Vorwürfen des Erzbischofs Agobard von Lyon, der diese Emanzipation zutiefst beklagte, gibt es eine kulturelle Spur, die sich in Texten und in Sitten und Gebräuchen finden lässt?

Auch diese Frage kann bejaht werden. Zwischen dem Regierungsantritt Karls des Großen im Jahr 800 und dem Jahr 1000 setzte eine überraschende intellektuelle Entwicklung ein, durch die ein neues jüdisches Denken entstand, das nicht mehr auf den Kommentaren zur Thora – dem Talmud – gründete, sondern auf einer mystischen Darlegung, die zwar vorgab, nur Kommentar zu bereits existierenden Texten zu sein, de facto aber das traditionelle jüdische Denken einer vollständigen Erneuerung unterzog und ein Weltbild offenbarte, das viele Gewissheiten umgestoßen hat.

Diese Überlieferungen sind die Kabbala. Die ersten kabbalistischen Schriften – die den Studierenden in Europa zur Verfügung standen, wenngleich die Handschriften nur schwer zugänglich waren – entstanden im Süden Frankreichs, vor allem in einer bedeutenden rabbinischen Akademie, die man in dem kleinen Dorf Posquières, dem späteren Vauvert, gegründet hatte. Dort brachten die ersten großen Kabbalisten, allesamt französische Juden, Werke hervor, die die überlieferte Weltsicht revolutionierten. Ihre Verfasser waren im Abendland geboren: Abraham ben David aus Posquières und Isaak der Blinde stellten ihr Werk zwar als Fortführung der Tradition der Talmudisten Babylons dar, führten aber neue Elemente in die mystische Tradition des klassischen Judentums ein.

Bemerken wir zu unserer Verblüffung noch, dass es in der Affäre um Rennes-le-Château immer einen im Blickpunkt stehenden Hauptschauplatz und einen sehr viel weniger beachteten Nebenschauplatz gab. Ersterer liegt im Aude, der zweite in der Umgebung von Gisors in der Normandie. Denn in Gisors hatte Gérard de Sède zum ersten Mal von einem Templerschatz gehört. Und auch Plantard trat dort zum ersten Mal in Aktion. Ich habe natürlich nie geglaubt, dass die Dinge so einfach liegen, wie sie die Esoteriker, von denen Leblanc inspiriert war, mit ihren rein feudalherrschaftlichen Stammtafeln liebenswürdigerweise vor uns ausbreiten.

Ich meine, dass es zwischen der Verbreitung der Kabbala, der Existenz eines jüdischen Fürstentums, das erst gegen Ende der Karolingerzeit allmählich erlosch, und dem Geheimnis von Rennes-le-Château Zusammenhänge gibt – winzige Zusammenhänge zwar, aber reale Zusammenhänge, die in der doppelten Parallele Rennes – Gisors und Alet – Rouen gründen.

Fassen wir zusammen: Das Karolingerreich hat seinen jüdischen Untertanen vollständige Freiheit gegeben, und einige von ihnen sind so in den Adelsstand gelangt.

Der erste König der Juden könnte gut und gern jener Guilhem de Gellone selbst gewesen sein, Paladin Karls des Großen und eine Person mit nur undeutlichen Konturen, der aufgrund der Gegenden, in denen er kämpfte, der jüdischen Ritterschaft des Kaisers zugeordnet werden kann. Die Kirche sprach ihn heilig, vielleicht um so besser zu verschleiern, dass er der jüdischen Akademie hinter den Pyrenäen angehörte, die zweifellos mit der Zustimmung Karls des Großen nach dem Modell der großen Talmudschulen von Bagdad, Sira und Pumbedita gegründet worden war.

Von da an entstanden in der näheren Umgebung von Gellone bedeutende rabbinische Akademien wie die von Lunel im Hérault und die von Vauvert im Gard. Letztere führte zur französischen Redewendung «au diable Vauvert» (das ist im Deutschen dort, «wo sich Fuchs und Hase Gute Nacht sagen»), und genau dort wurde die Kabbala und die mit ihr verbundene Magie ausgebrütet.

Die ersten großen Werke der Kabbala, darunter das *Sefer ha-Bahir* («Das Buch des Glanzes»), kurz Bahir genannt, sind mit dieser Mikroregion verbunden. Über den König der Juden in der Normandie weiß man in den folgenden Jahrhunderten fast nichts, doch es ist offensichtlich, dass es sich um einen letzten Versuch handelte, seine Autorität wiederherzustellen, nachdem sein Verbleib im Süden Frankreichs unmöglich geworden war. Haben vielleicht reiche jüdische Gemeinden aus dem Norden Frankreichs die Landung Wilhelms des Eroberers in Hastings 1066 finanziell unterstützt und dafür als Gegenleistung das Versprechen zur Wiedereinsetzung eines Exilarchen im Abendland erhalten?

Unsere Fragestellung an dieser Stelle ist keine christliche, sondern eine jüdische. Diese aber steht vielleicht am direktesten in Zusammenhang mit den Geheimnissen von Alet. Bei einem Besuch der kleinen Stadt stellt man überrascht fest, dass die Kathedrale mit einem Davidstern geschmückt ist, der zu dem Zeitpunkt, als die Kirche errichtet wurde, noch kein Symbol für das jüdische Volk, sondern eine kabbalistische und esoterische Figur war. Sollte in dieser Region ein Grab entdeckt werden, dem eine gewisse, wenn auch keine sensationelle Bedeutung zukäme, könnte es auch das Grab von Guilhem de Gellone sein, das auf diese Weise vor dem Zugriff der Kirche geschützt wurde.

Das wären allerdings keine grundstürzenden Geheimnisse. Niemand müsste wegen der Enthüllung umgebracht werden, dass Guilhem de Gellone, ein Gefolgsmann Karls des Großen, in Wirklichkeit ein Nachkomme des Juden Makhir von Narbonne war, der eine rabbinische Akademie gegründet hatte. Man kann die Erinnerung an diese Geschichte unterbinden, doch sie hat nicht das Gewicht von Enthüllungen, die das Leben von Jesus betreffen.

Dagegen hat diese Geschichte eine gewisse Bedeutung, wenn man verstehen will, wie eine besondere Kultur Gestalt annahm, in der die jüdische Kabbala und der Dialog der Religionen Eingang fanden. Diese Kultur entfaltete sich zu einem Zeitpunkt, als sich das europäische Mittelalter mit der Renaissance des 12. Jahrhunderts der Welt öffnete, genauer gesagt, mit Abaelard und Ramon Llull, die beide die Form des allegorischen Gesprächs zu dritt zwischen einem Muslim (einem Sufi), einem Juden (einem Kabbalisten) und einem (johanneischen) Christen einführten.

Um das Wahre vom Falschen zu unterscheiden …

Ausgehend von Dan Browns *Sakrileg* haben wir die ganze Affäre mit einer Art «Zoom in die Vergangenheit» untersucht. Nachdem wir die Reise in die Zeit von Jesus und Maria Magdalena hinter uns gebracht haben, können wir nun die umgekehrte Richtung einschlagen und versuchen, das Falsche vom lediglich Zweifelhaften zu unterscheiden. So gelangen wir Stück für Stück zu einem Verständnis, das nicht von Lügengeschichten und Kontroversen vernebelt wird.

Wie zur Warnung beschwor bereits Umberto Eco in seinem Roman *Das Foucaultsche Pendel* die Templer und die Kreuzzüge herauf, und mit ihnen die Wahnvorstellungen verschiedener Sekten, die, von allen guten Geistern verlassen, in Paris miteinander rivalisieren. Der Roman war nicht so erfolgreich wie das Buch Dan Browns, und das ist schade, denn er bildet einen ziemlich überzeugenden rationalistischen Gegenpol zu den modernen Wahngebilden.

Fangen wir an bei Jesus, Maria Magdalena, ihren familiären Verbindungen und den Verbindungen ihres Gefolges zum römischen Gallien. Welche gesicherten Erkenntnisse gibt es, die uns die Version von Dan Brown näher brächten? Maria Magdalena war sowohl eine Hauptperson in der frühen christlichen Theologie, die sich Frauen noch nicht verschlossen hatte, als auch eine reale historische Gestalt.

Paulus gab der Verkündung Jesu eine deutliche Wendung. Der historische Jesus, wie man ihn vor allem aus der Bergpredigt kennt, blieb nicht nur ein gläubiger, ja sogar orthodoxer Jude, er hatte auch eine außerordentliche prophetische Vision – die die Evangelien und die ganze christliche Botschaft hervorbrachte –, nämlich die Vision einer geeinten Menschheit auf dem Weg ins messianische Zeitalter. In dieser Einheit sollte Gleichheit herrschen zwischen Sklaven und Freien, Juden und Nichtjuden, Sündern und Heiligen, aber auch zwischen Frauen und Männern. All dies kam im jüdischen Denken seiner Zeit nicht vor.

In zahlreichen Beispielen bestechen die Frauen in den Evangelien durch ihre Frömmigkeit, ihre Großzügigkeit, ihre Intelligenz, und es ist deutlich erkennbar, dass Christus sie furchtlos um sich versammelte, ungeachtet der Schranken, die die hebräische Liturgie damals noch setzte.

Die Entwertung des weiblichen Körpers in den Briefen des Paulus, die Entwertung des Sexuallebens, von der in der Lehre Christi nichts zu finden ist, sind eine genuine Schöpfung des Apostels und haben für eine frauenfeindliche Theologie gesorgt. In unserem Zeitalter, in dem wir wieder nach einem Gleichgewicht zwischen den Geschlechtern streben, den Frauen und ihrer Rolle, die bis heute im öffentlichen und geistigen Leben marginalisiert wurde, wieder Bewunderung entgegenbringen, ist es nicht verwunderlich, dass Maria Magdalena vor allem in der Literatur wieder aus dem Schatten ins Licht tritt. Ist nicht Maria Magdalena das Symbol einer engen Beziehung des Weiblichen zur christlichen Offenbarung?

Kein Wunder also, dass ein Buch mit Maria Magdalena als Heldin erfolgreich ist, weckt sie doch als literarische Gestalt tiefe Identifikationsbedürfnisse beim Leser. Heutzutage nimmt man nicht mehr hin, dass Mann und Frau durch die Religion geschieden sind, dass der Mann durch das Priesteramt eine Art Monopol auf die Wahrheit hat, Frauen dagegen großartige Beispiele von Hingabe liefern sollen, wie die großen Heiligen von Hildegard von Bingen über Teresa von Ávila bis zu Mutter Teresa. Doch das Heldentum dieser einmaligen Frauen erfüllte sich im Respekt vor der strengen Trennung der Geschlechter, deren Überwindung heute die meisten Gläubigen verlangen, besonders die Christen.

Und so hat auch die katholische Kirche ihre Haltung zum Fall Maria Magdalena geändert. Man betrachtet sie nicht mehr als Sünderin oder Prostituierte, wie es lange Zeit der Fall war. Maria Magdalena gilt heute in dem Maße als sündig, wie es vom theologischen Standpunkt aus gesehen die gesamte Menschheit ist. Der theologische Fortschritt der Kirche reicht indessen nicht so weit, dass man Maria Magdalena eine zentrale Rolle im Kreis der Apostel zuschreiben oder sie gar als weiblichen Apostel anerkennen würde. In diesem Sinne war die Entdeckung der Nag-Hammadi-Schriften ein Schock, denn die Schriften erschüttern einige liebgewordene Vorstellungen, zumal bestimmte Angaben in diesen Schriften von der Kirche zensiert worden waren, um ihre Verbreitung zu unterbinden.

So findet sich im Philippusevangelium eine Anspielung auf eine mögliche Liebesbeziehung zwischen Jesus und Maria Magdalena. Man muss freilich vorsichtig sein, denn das Philippusevangelium selbst gibt nicht die Worte eines Evangelisten wieder. Es ist eine Interpretation von Ereignissen, die zweieinhalb Jahrhunderte zurückliegen, durch eine Gruppe gnostischer Christen aus Ägypten und besitzt nicht mehr Glaubwürdigkeit als die kanonischen Evangelien.

Natürlich standen sich Jesus und Maria Magdalena spirituell näher, als die mittelalterliche Kirche es zugab. Daraus zu schließen, dass Jesus mit Maria Magdalena geschlafen hat und er Vater von einem oder mehreren Kindern war, deren Nachkommen in den Herrscherhäusern des mittelalterlichen Europas zu finden sind, grenzt indessen ans Absurde. Die erste Frage, die Dan Brown für uns aufwirft, ist damit abgehandelt.

Allerdings finden sich viele gegen Christen gerichtete Verleumdungen sowohl in der römischen Literatur wie im Talmud. Diese häufig scharfen Angriffe sind in Texten oder in Randbemerkungen überliefert, die der Wachsamkeit der Verfolger oder, wenn es sich um den Talmud handelt, der Inquisitoren entgangen sind. Einige jüdische Schriftgelehrte der Spätantike führten die Herkunft Jesu auf einen römischen Legionär namens Pandera zurück: Ben Pandera, Sohn von Pandera, war noch bei Juden des Mittelalters eine sarkastische Anspielung auf Jesus. Warum also die verhassten Christen nicht auch daran erinnern, dass Jesus verheiratet war und Kinder zeugte? Doch dieses Argument wird weder in heidnischen noch in jüdischen Polemiken vorgebracht. Jesus war sicher ein jüdischer Rabbi, und vielleicht lebte er mit Maria Magdalena zusammen. Vielleicht hatten sie Kinder – wissen kann das letztlich niemand.

Nach der Überlieferung des französischen Katholizismus ist Maria Magdalena nach Gallien gekommen, denn es gibt in den späteren Schriften keine andere Erzählung über ihr Schicksal. Sie soll in der Camargue an Land gegangen sein, wo sich heute Les Saintes-Maries-de-la-Mer befindet, und lange Zeit später in einer Einsiedelei in der Haute Provence, in Sainte-Baume, gestorben sein.

Die Verbindung von Maria Magdalena mit der Provence beschränkt sich nicht auf einen Einzelfall. Sie ist mit dem Schicksal eines Großteils der Judenchristen verknüpft, die als erste das Evangelium in Gallien verbreiteten. Anscheinend war Gallien, das, durch das gesamte Mittelmeer getrennt, fern von Palästina lag und von der römischen Polizei noch kaum kontrolliert wurde, ein bewusst gewählter Zufluchtsort für die jüdischen Flüchtlinge, die das Heilige Land verlassen wollten, das bereits im Vorfeld des großen jüdischen Krieges und der Vernichtung des Zweiten Tempels mit Feuer und Schwert verheert wurde.

Die Bewegung nahm später noch zu, doch bereits in der Anfangszeit kam ein Sohn Herodes' des Großen, der Ethnarch Archelaos, ins Exil nach Vienne. Bei der Gründung von Nîmes ließen sich zahlreiche jüdische Soldaten aus den Legionen Cäsars dort nieder und wurden zu Bauern. In Narbonne entdeckte man den ersten jüdischen Sarkophag – er gehörte einem gewissen Justus – mit lateinischer Inschrift aus dem frühen 3. Jahrhundert.

In der galloromanischen Epoche durchdrangen sich Christentum, Judentum und lateinisches Heidentum, und der geographische Schauplatz dieser Durchdringung reichte von den Pyrenäen bis zum linken Rhôneufer, eine Region, die seit dem Mittelalter unter dem Namen Languedoc bekannt ist.

Es ist unbestreitbar, dass sich hier nach und nach Legenden zum Leben Jesu überlagerten, die ziemlich stark von jüdischen Überlieferungen geprägt waren. Das könnte auch die besondere Lebensatmosphäre dieser Region erklären. Gibt es unter diesen Überlieferungen Berichte, die von einer Ehe Jesu oder von seinen Nachkommen sprechen? Wohl kaum. Die Vorstellung, bestimmte Kreise hätten eine solche Geschichte über Jahrhunderte geheim gehalten, um sie schließlich an die Templer oder die Katharer weiterzugeben, die sie ebenso sorgsam verschwiegen hätten, ist reine Fantasie.

Womit wir beim dritten Punkt angelangt wären: Hat es nach dem Altertum, und besonders in Südfrankreich, Überlieferungen gegeben, die nicht mit der Lehre der Kirche übereinstimmen, die aber in verhüllter Form innerhalb der Kirche oder offen außerhalb der Kirche bewahrt wurden? Darüber wissen wir nichts Sicheres, aber Arthur Zuckerman von der Universität New York hat folgende These aufgestellt: Eine jüdische Überlieferung berichtet von der Errichtung eines jüdischen Königreichs durch jüdische Ritter unter Karl dem Großen, die eine bedeutende historische Rolle im Kampf gegen das Vordringen der Araber gespielt haben. Hier beginnt die Geschichte von Rennes-le-Château, nicht im fernen Altertum, sondern mit diesem jüngeren jüdischen Königreich im 9. Jahrhundert, der Blütezeit der karolingischen Renaissance.

Widerstand gegen das römische Christentum

Gab es in Gallien unter der Herrschaft Karls des Großen ein jüdisches Königreich im eigentlichen Sinne? Die Antwort lautet: nein. Ein jüdisches Herrschaftsgebiet, das Karl der Große oder sein Sohn Ludwig der Fromme einem ihrer jüdischen Paladine oder einem Paladin jüdischer Herkunft übertragen hätte, hat es nie gegeben.

Aber es gab Juden im Heer Karls des Großen, die an seiner Seite gegen die Sarazenen kämpften. Das ist umso bemerkenswerter, als die spanischen Juden anfangs die muslimische Invasion begrüßten, da sie sich durch sie eine Befreiung von der Unterdrückung durch die Westgoten erhofften. Nach dem Übertritt zum Katholizismus verhielten sich die Westgoten unter König Rekkared I. den Juden gegenüber äußerst feindselig, während die Franken immer große Toleranz zeigten. Die reichte so weit, dass sie in einer Region mit verhältnismäßig dichter jüdischer Besiedlung wie der Gegend um Narbonne auch politische Bündnisse mit den Juden schlossen.

In Narbonne tauchte der erste König der Juden auf, Narbonne war Ausgangspunkt für eine zahlenmäßig bedeutende jüdische Migration in die Corbières und ins Tal des Aude, wo Juden jene «Stadt des auserwählten Volks» namens Electum gründeten, die heute Alet heißt und um die sich vieles in Sachen Rennes-le-Château dreht. In dieser Region lag auch das Herrschaftsgebiet von Guilhem de Gellone. Arthur Zuckerman hat zeigen können, dass Guilhem de Gellone der Sohn jenes Makhir war, der in den wenig später in Spanien entstandenen jüdischen Texten erwähnt wird. Und Guilhem de Gellone war der wackere Ritter, der in den Dienst Karls des Großen trat, in der Schlacht von Alyscamps bei Avignon die einfallenden Sarazenen besiegte und sie bis hinter die Pyrenäen zurückschlug. Am Ende seiner Herrschaft nahm Karl der Große mit seiner Hilfe Barcelona ein und gründete jene «Spanische Mark», aus der Katalonien hervorgegangen ist. Kurz, zu der Zeit beteiligten sich Juden in erheblichem Umfang an den militärischen Unternehmungen Karls des Großen, die im Wesentlichen der Verteidigung gegen die vorrückenden Sarazenen dienten.

In dieser Epoche fand jüdisches Gedankengut Eingang an den Hof Karls des Großen. Bei Guilhem de Gellone verlief dieser Prozess eher in umgekehrter Richtung: als Entwicklung zu einer Form von Judenchristentum und dann zur Konversion. Auf alle Fälle hat die katholische Kirche die jüdische Herkunft Guilhem de Gellones immer sorgfältig verschwiegen. Die Auseinandersetzung mit diesem Mann hat erst begonnen. Sie wird nur von Fachwissenschaftlern geführt, doch für die Geschichte von Rennes-le-Château muss diese Epoche von grundlegender Bedeutung gewesen sein. In jener Zeit setzten kulturelle Veränderungen ein, vor allem weil sich der Adel im Südwesten, und besonders am Hof von Raimund VII., dem

Grafen von Toulouse, jüdische Traditionen oder jüdische Darstellungen der Geschichte zu Eigen machte. Raimund VII. war ein nahezu unabhängiger Fürst. Zu Beginn der Kreuzzüge herrschten die Grafen von Toulouse über eines der größten Fürstentümer Westeuropas und genossen fernab der königlichen Macht in Paris eine nahezu unangefochtene Autorität im gesamten Südwesten Frankreichs.

Damals begünstigte die Mischung aus Tradition und insgeheimem Widerstand gegen das römische Christentum die Entwicklung der höfischen Liebe, der Troubadour-Dichtung, und bald darauf die Verbreitung des vermutlich von Byzanz über Italien nach Frankreich gelangten Glaubens der Katharer. Diese Region Frankreichs war und ist ein Hort der Aufmüpfigen, von Guilhem de Gellone über Raimund VII. von Toulouse bis zu Jean Jaurès. So wandte man sich hier in der Frühzeit der Merowinger dem Judentum zu, wurde zum Zentrum der Katharer, sympathisierte anschließend ein wenig mit den verfolgten Templern, um in einigen Regionen, aber nicht in allen, einen streitbaren Protestantismus anzunehmen, der sich gegen Ende des 17. Jahrhunderts im gewaltigen Aufstand der Kamisarden entlud. Diesen innerreligiösen Auseinandersetzungen folgten zunächst eine nachlassende Religiosität, dann der Laizismus und schließlich der Antiklerikalismus, der seither die Bevölkerung Okzitaniens zusammenschweißt.

Dort liegt also die Geburtsstätte einer regionalen Saga, von der einige Episoden in die Geschichtsschreibung Eingang fanden oder zum Stoff für Legenden wurden. Gab es in dieser Zeit, in der Guilhem de Gellone und seine Nachfolger gewirkt haben, eine literarische Tradition, die als Quelle taugt? Tatsächlich findet sich eine Überlieferung, zwar nicht in lateinischer oder provenzalischer, aber in hebräischer Sprache. Es ist die Kabbala, die sich laut Zuckerman kurze Zeit nach der

Errichtung eines jüdischen Fürstentums in Narbonne um die Wende vom 8. zum 9. Jahrhundert entwickelte, das heißt, eine Theosophie jüdischen Ursprungs, die im Gewand der traditionellen Offenbarung eine neue Geschichte über die Entstehung der Welt erzählt und eine neue Metaphysik für das Verhältnis des Menschen zur Welt bietet.

Die kabbalistischen Strömungen in der Geschichte des Südwestens zeigten sich freilich nicht ohne weiteres in einer gemeinsamen gallo-hebräischen Literatur. Erst im 13. Jahrhundert trat eine Art Synthese von jüdischer Kabbala und neuer christlicher, von den Templern geprägter Philosophie zutage, und zwar mit dem katalanischen Philosophen und Alchemisten Ramon Llull, der in einem mallorquinischen Kloster in unmittelbarer Nachbarschaft zu den Templern lebte.

Die kabbalistischen Vorstellungen hatten keinen großen Einfluss auf das politische Denken und die politischen Strukturen ihrer Zeit, sieht man von Raimund VII. von Toulouse und seinen Nachkommen ab, die ihre jüdischen Untertanen immer bevorzugt behandelten. Insbesondere in der Umgebung von Carcassonne und Alet stößt man – ein Sonderfall im europäischen Mittelalter – auf eine echte jüdische Adelsschicht, die wie der christliche Adel Landvogteien verwaltete und von den Bauern den Zehnten einnahm, was im Gegensatz zu den päpstlichen Gesetzen stand, die es den Juden untersagten, Land zu besitzen und Adelstitel zu erwerben. Erst im Zeitalter der Aufklärung tauchte – in Österreich, und noch ein wenig verschämt – wieder ein jüdischer, nicht konvertierter Landadel auf.

Aber was könnte uns Anlass zu der Vermutung geben, dies alles habe mit einem Schatz oder einem Grab zu tun? Sicher geht es nicht um die Grabstätte Jesu, die nie irgendwo glaubhaft nachgewiesen wurde – so wenig wie um die Behauptung,

Jesus habe die Kreuzigung überlebt und sei zusammen mit Maria Magdalena nach Südfrankreich gekommen. Aber vielleicht findet sich das Grab einer ebenfalls sehr bedeutenden Persönlichkeit: das Grab des Westgotenkönigs Alarich II.

Zu Beginn des 5. Jahrhunderts hatte Alarich I., der das Ende des römischen Imperiums einläutete, den Po überschritten, war nach Rom marschiert und hatte es plündern lassen. Die Stadt hielt sich noch einige Jahrzehnte lang als Metropole des Abendlands, doch die Goten hatten ihr den Todesstoß versetzt. Nun wissen wir, dass Alarich I. den gesamten Schatz von Rom raubte und dass zu diesem auch zahlreiche Gegenstände gehörten, die Kaiser Titus am Ende des Krieges gegen die Juden in Jerusalem erbeutet hatte.

Jetzt kommen wir auf eine interessante Hypothese zu sprechen: Bei der Beerdigung Alarichs II. in jener Region Frankreichs wurden dem Westgotenkönig angeblich Schätze mit ins Grab gegeben, die dem ersten Westgotenkönig Alarich I. hundert Jahre zuvor bei seinen Plünderungen in die Hände gefallen waren. Darunter sollen sich auch Originalstücke aus dem Jerusalemer Tempelschatz befunden haben – allerdings nicht die Bundeslade, denn diese gilt bereits seit der Zerstörung des Ersten Tempels im 6. Jahrhundert v. Chr. als verschollen.

Diese Hypothese ist umso interessanter, als sich der Fund Bérenger Saunières und seiner Vorgänger durch diese Annahme nicht als Entdeckung eines gewaltigen symbolischen Geheimnisses, sondern als Ausgrabung eines höchst materiellen Gold- oder Silberschatzes erweisen könnte. Hat Guilhem de Gellone aufgrund einer insgeheim gelebten jüdischen Frömmigkeit nach den Spuren des in Rom geplünderten Schatzes gesucht und anschließend auch nach dem Ort, an dem Alarichs Nachfolger den Schatz der Westgoten nach der Belagerung von Carcassonne vor dem Feind versteckt hatten?

Das sind zwar nur Spekulationen, aber sicher ist, dass eine Reihe von Ereignissen, die an diese Region geknüpft sind, die Neugier einiger Kirchenfürsten erregt hat. Das erklärt die fieberhaften Ausgrabungen in jener Gegend sowie die Bildung eines Bistums am Oberlauf des Aude, nur wenige hundert Meter von der Gemeinde Rennes-le-Château und seiner antiken Festung entfernt.

Fassen wir unsere Ergebnisse zusammen: Während der Zeit der Kreuzzüge herrschte eine zuerst von Judenchristen, dann von Glaubensabweichlern geprägte Atmosphäre. Zahlreiche Häretiker standen unter dem Schutz der Grafen von Toulouse und ihrer Nachbarn, die zum Teil selbst Nachfahren Guilhem de Gellones, einem Paladin Karls des Großen, waren. Zugleich können wir in derselben Gegend verstärkt die Gründung jüdischer Akademien mit vorwiegend kabbalistischer Ausrichtung feststellen. Das führt uns in Hinblick auf Rennes-le-Château auf eine interessante Spur.

Ist Abbé Saunières Schatz also der Schatz der Westgoten, und folglich der Tempelschatz aus Jerusalem? Es ist nicht zu bestreiten, dass Bérenger Saunière bei den ersten Grabungen in seiner Kirche westgotische Münzen gefunden hat. Doch der gefundene Schatz kann nicht besonders groß gewesen sein, wie wir aus der Geschichte der Vase von Soissons * wissen: Vom Ausgang der Antike bis zum Hochmittelalter mussten die Könige der Barbaren einen Großteil ihrer Beute mit ihren

* *Diese in Frankreich weithin bekannte mittelalterliche Legende handelt von der «Geschichte der Franken» nach Gregor von Tours und erzählt, dass Chlodwig einen Schatz unter seinen Anhängern aufteilte. Dabei musste er eine Vase entzwei hauen, weil er sich mit seinem ursprünglichen Ansinnen, diese an den Bischof von Reims zurückzugeben, nicht gegen das Gewohnheitsrecht durchsetzen konnte. (Anm. d. Ü.)*

Soldaten teilen. Sie konnten also keine bedeutenderen Schätze anhäufen. Und sollte es einen solchen Schatz gegeben haben, dann ist er gewiss seit langem ausgegraben und in alle Winde verstreut.

In der folgenden Zeit ließen sich die Katharer in der Region nieder. Wie den Juden gewährten die Grafen von Toulouse auch ihnen Schutz. Nachdem Rom der Häresie der Katharer den Krieg erklärt hatte, dem sich Frankreich unter Ludwig dem Heiligen und eine große Zahl französischsprachiger englischer Ritter anschlossen, die zu jener Zeit das politische Leben in England beherrschten, wurde das wohlhabende Südwestfrankreich einem Kreuzzug unterworfen. Dabei wurde seine materielle Basis von Grund auf zerstört, der widerspenstige alteingesessene Adel ausgeraubt, und die Anhänger der neuen Religion wurden massakriert. Nach der Belagerung von Montségur gelang es einer kleinen Gruppe von Katharern der Überwachung durch die Ritter aus dem Norden zu entkommen und mit einem Schatz zu fliehen. Handelte es sich um Schriftstücke? Oder ausschließlich um klingende Münze? Die zweite Annahme ist plausibler. Aber dieser Schatz, den helfende Hände aus der Region damals angeblich versteckt haben, ist bis heute nicht gefunden worden.

Wir haben es also mit zwei Schätzen zu tun: dem Schatz der Westgoten und dem Schatz der Katharer. Sollten sie zu einem bestimmten Zeitpunkt in dieselben Hände gefallen sein, könnten sie ihren Besitzern zweifellos eine beträchtliche Finanzkraft und folglich einen Einfluss auf das Königreich verschafft haben, dessen Ausmaß sich jedoch nicht abschätzen lässt.

Dieser Schatz ist die Ursache vieler Gerüchte, vieler Nachforschungen … und vieler Begehrlichkeiten. Würde man in der Region tatsächlich den Schatz der Westgoten finden, wäre das sicherlich ein umwerfendes Ereignis. Den Archäologen, der diesen Schatz heben würde, müsste man vergleichen mit Howard Carter, dem Entdecker Tutanchamuns in Ägypten, oder mit Heinrich Schliemann, der Troja und Mykene ausgrub. Die Bewohner des Aude allerdings würde die Entdeckung eines Schatzes der Westgoten oder der Katharer wenig überraschen, sind sie doch schon aufgrund der Reichtümer und Geheimnisse, die ihr schönes Land birgt, ganz von sich eingenommen.

Kurz, sollte Bérenger Saunière tatsächlich Münzen oder Gold gefunden haben, wäre das kein hinreichender Grund dafür, ein Buch wie das von Dan Brown zu verfassen.

Die Leere des Templermythos

Wir haben mit der Dekonstruktion von Dan Browns *Sakrileg* begonnen. Gab es parallel dazu andere Überlieferungen in der Region? Möglicherweise. Wurde vielleicht schon damals leidenschaftlich nach dem Tempelschatz von Jerusalem gesucht, den König Alarich für sich behalten haben soll?

Sollte es ein verborgenes Grab geben, wäre es dann nicht vernünftiger, nach dem Grab Alarichs zu suchen, statt nach dem von Jesus oder seines Sohnes, der angeblich mit Maria Magdalena nach Frankreich gekommen war? Wäre dann nicht die Annahme vernünftiger, Guilhem de Gellone habe den Schatz der Westgoten entdeckt und in seine Grabstätte oder seine Gruft mitgenommen, wo sich diese Schätze nun befinden?

Es geht also um zwei Schätze, die jeden Neugierigen aufhorchen lassen, aber auch alle auf den Plan rufen, die von einem besonderen Schatzfieber erfasst sind, das weder mit Okkultismus noch mit den Theorien über die Herkunft Jesu etwas zu tun hat.

Hier erscheint der zweite große Protagonist dieser Affäre auf der Bühne: der Templerorden. Die These Dan Browns, vor allem jedoch die seiner Vorgänger, besagte, man müsse den Templerorden von seiner Gründung im 11. Jahrhundert bis zu seiner Zerschlagung durch Philipp den Schönen und den Papst zweihundert Jahre später als Verschwörung ansehen.

An dieser Stelle müssen wir eine weitere Differenzierung vornehmen. Die Templer bildeten kein antichristliches Komplott. Ihr Gründer Bernhard von Clairvaux, der bedeutendste Abt der Zisterzienser, legte auch den Grundstein für einen theologischen Humanismus im Mittelalter, der Schritt für Schritt zur *Summa theologica* des Thomas von Aquin führte. Eine Zeitlang standen die Templer den Dominikanern sehr nahe. Sie waren immer ein zugleich militärischer, politischer und religiöser Orden, der das gesamte Wissen seiner Zeit zusammenführen wollte und sich dabei mit aller Kraft einer Sache verschrieb, der Sache des Papstes, um die europäische Gesellschaft zu einer christlichen Gesellschaft zu machen, die wiederum den Fortbestand des Christentums an den Heiligen Stätten sichern sollte.

Als der deutsche Kaiser Friedrich II. im 13. Jahrhundert Jerusalem den muslimischen Heeren nicht durch Waffengewalt entriss, sondern die Stadt durch Verhandlungen zurückeroberte, vollzog sich im zweiten Jahrhundert seines Bestehens ein Wandel im spirituellen Leben des Templerordens: Es kam zu einem wirklichen Dialog zwischen den Templern im Heiligen Land und einigen ihrer muslimischen Gegner. Auf die Bedeutung eines muslimischen Ordens, der schiitisch-ismailitischen Assassinen, geführt vom «Alten vom Berge», haben wir bereits hingewiesen. Erwähnenswert sind hier noch die Drusen, eine Religionsgemeinschaft, die ebenfalls schiitisch-ismailitischen Ursprungs ist, aber viele eher jüdische und manichäische Elemente aufweist. Die Drusen haben sich vom Islam abgenabelt und nennen sich, wenn es sein muss, dennoch Muslime. Tatsächlich sind sie es kaum. Sie vertreten besondere Überlieferungen aus dem Heiligen Land, von denen die Templer ebenso stark beeindruckt waren wie alle, die auf ihren Spuren wandelten.

Als Gérard de Nerval auf seinen Libanonreisen den Traditionen der Drusen nachging, wurde er von einer bestimmten Idee geleitet. Diese Idee gründete auf der Tatsache heterodoxer Tendenzen bei den Templern, die jedoch weniger prägend waren, als uns der Templerprozess weismachen wollte. Es ist unwahrscheinlich, dass die christlichen Templer Initiationsriten kannten, bei denen auf ein Kreuz gespuckt wurde, es ist auch unwahrscheinlich, dass man solche Praktiken über Jahre hinweg hätte geheim halten können. Ebenso unwahrscheinlich ist allerdings, dass die Templer in den unruhigen Zeiten, die das 13. Jahrhundert für die Christenheit darstellte, eine so orthodoxe Haltung eingenommen hatten, wie sie es ihren Folterknechten gegenüber behaupteten.

An dieser Stelle lässt sich die Ketzerei der Templer in drei Punkten zusammenfassen. Da ist zum einen das Bemühen um einen intensiven Dialog mit den Muslimen, zu dem in Okzitanien der Dialog mit dem Judentum hinzukam, das dort spätestens seit Raimund VII. fest verankert war, so dass dieser Dialog von der Idee einer Versöhnung zwischen den drei monotheistischen Religionen im Zeichen der Wiederkehr Christi getragen wurde. Dieses Thema beschäftigte bald darauf auch Abaelard, der ein Gegner von Bernhard von Clairvaux war. Schließlich wurden diese Ideen vom großen katalanischen

Alchemisten Ramon Llull aufgegriffen, der den Templern sehr nahe stand, und von da an bis zur Auflösung des Templerordens wurden sie immer wieder in bildlichen Darstellungen und intellektuellen Auseinandersetzungen thematisiert.

Bei den Templern gab es unbestreitbar einen Willen zum Dialog mit dem Islam. Die Überzeugung, der christliche Monotheismus sei die einzige Antwort auf die Ängste und Herausforderungen der Menschheit, war bei ihnen weniger stark verankert. Von dieser Doktrin ausgehend, die sich nicht überall zeigte – sie dürfte auf die Eliten beschränkt geblieben und vor allem unter den Templern im vorderen Orient verbreitet gewesen sein –, kam im Templerorden insgeheim Kritik an den dogmatischen Exzessen des Papsttums und seinem fortwährenden Sittenverfall auf, so dass sich der Großmeister und die gesamte Führung des Templerordens leicht für die Hüter der Zukunft der Christenheit halten konnten.

Der Ritterorden betrachtete sich umso mehr als Wahrer dieser Zukunft der Christenheit, als das Netzwerk der Templer nach dem Rückzug aus Palästina und der Entmilitarisierung zum führenden Bankennetz in Europa wurde und die Templer durch neue Technologien in der Seefahrt, die sie im Dienst von Portugal entwickelten, den Seehandel stark ausweiten konnten. Aus dem portugiesischen Ordenszweig ging der Orden der Christusritter hervor, der in Sagres eine Kapitänsschule für die Hochseeschifffahrt gründete, auf die Heinrich der Seefahrer zurückgreifen konnte. Hinzu kam das Bestreben der Templer, einen Großteil der Königreiche des christlichen Europas ungeachtet der Grenzen zwischen den feudalen Herrschaftsgebieten zu vereinigen und dabei mit der Vereinigung von Frankreich mit England zu beginnen, da in beiden Ländern nach dem Willen ihrer Führungsschicht Französisch gesprochen wurde.

Mit diesen Zielen mussten die Templer den Zorn der Mächtigen auf sich ziehen. Der Orden wurde zerschmettert. Waren die Tempelritter deswegen die Hüter des Geheimnisses der Familie Jesu? Bildeten sie eine Art Prätorianergarde, um jene Familien zu schützen, die durch Gottfried von Bouillon verkörpert wurden, und die in Lothringen und in Burgund durch den Mythos eines gemeinsamen merowingischen Stammbaumes miteinander verschweißt waren – eine Ahnenfolge, die über die Merowinger hinaus bis auf Christus zurückging? Einige Sensationsschriftsteller behaupten dies kühn, ignorieren dabei allerdings alles, was das Gegenteil beweist.

Dass die Hingabe an den christlichen Auftrag bei den ersten Generationen der Templerritter beeindruckend war, wird niemand bestreiten. Ebenso unstrittig ist, dass die Templer häretische Gedanken in ihren Reihen nicht entschieden bekämpften. Aus persönlicher Toleranz und politischer Verbundenheit mit den großen Familien des lokalen Adels haben die Templer vielleicht den verfolgten Katharern geholfen, doch deren damals ketzerischen Glauben haben sie nie angenommen. Liest man von Chrétien de Troyes bis Wolfram von Eschenbach die Epen, die sich aus den Geschichten der Templer speisen und die alle von dem geheimnisvollen Gral handeln, wird man eine Faszination für das Alte Testament, für den Islam und für die gerade entstehende Kabbala sowie für den Manichäismus feststellen, darüber hinaus aber nichts.

Weit mehr als mit theologischen Fragen hängt der Sturz des Templerordens mit politischen, finanziellen und geopolitischen Problemen zusammen. Trotzdem wirkte sich die Auflösung des Templerordens auf die ganze Christenheit aus und löste eine religiöse Neubesinnung aus, die sich in Gelehrten Gesellschaften niederschlug. Man kann darin eine positive Folgeerscheinung sehen. Deshalb zu behaupten, von den

Templern führe ein direkter Weg zu diesen Gelehrten Gesellschaften, wäre jedoch eine Verfälschung.

Die meisten Templer waren Analphabeten, wenngleich auch große Denker Mitglieder der Ordens waren oder von ihm beschäftigt wurden. Der letzte Großmeister Jacques de Molay hat übrigens aus diesem traurigen Grund seine Aussage im Templerprozess nicht unterschrieben. Die Tempelritter waren Mönchssoldaten, deren Ritterlichkeit im ganzen Abendland bewundert wurde, deren intellektueller Beitrag jedoch bescheiden blieb, selbst wenn es Schriftsteller und Theologen wie Ramon Llull, Chrétien de Troyes und andere gab, die mit den Templern sympathisierten.

Bei der Auflösung des Templerordens gab es also kein «tödliches Geheimnis», wie Robert Ambelain es treffend formuliert hat, das einem von Rom anerkannten Orden entgangen wäre. Es gab lediglich eine politische Krise, die eine moralische Krise nach sich zog und dem Templerorden in einer Atmosphäre wachsender religiöser Skepsis nachträglich antikatholische und antirömische Positionen anlastete, die er tatsächlich niemals vertreten hatte. Heterodoxe Vorstellungen gab es schon lange bevor der Templerorden seine Blüte erreichte, und etliche davon zogen die Templer nie in Betracht.

Ohne die materielle und politische Herausforderung, die die Templer für den König von Frankreich und den Papst darstellten, wäre die Zerschlagung des Templerordens nicht denkbar gewesen, doch dies war seinen Anhängern und vor allem den Priestersoldaten nicht bewusst, die aus dem Heiligen Land zurückgekommen waren oder sich in die großen Klöster Europas zurückgezogen hatten.

Bildeten sich mehr Geheimgesellschaften in Gegenden, die unter dem Einfluss der Templer standen? Kursierten verstärkt mehr oder weniger verschlüsselte Botschaften? Wurde die

Wahrheit der Kirchenlehre öfter angefochten? Nein. In Portugal, wo sich die Monarchie schützend vor die Templer stellte, gaben die Ritter des Christusordens niemals Anlass zu Zweifeln an ihrer Glaubenstreue, weder der portugiesischen Kirche noch den portugiesischen Königen. Dagegen leistete der Christusorden einen entscheidenden Beitrag zum Ausbau der portugiesischen Schifffahrt und des Seehandels.

Auch in Schottland, wohin sich einige Tempelritter flüchteten, entstanden keine Geheimgesellschaften. Allerdings schlossen sich in Schottland zum ersten Mal Zünfte der Steinmetze – die bereits Verbindungen zu den französischen Zünften hatten, die die gotischen Kirchen erbauten – mit jenem häufig aus Frankreich stammenden Templeradel zusammen, der sich nur schwer in die schottische Gesellschaft eingliederte und in den Riten der Zünfte einen Weg fand, seine eigenen Traditionen beizubehalten. Die Sinclairs, die Bauherren der Rosslyn-Kapelle, sind die leibhaftigen Symbole für diese frühe Epoche der Freimaurerei.

Die Ursprünge der Freimaurerei liegen also in Schottland, wo sich Freimaurerei und Templertum verbanden. Doch hier sind es Menschen, die in Verbindung zueinander traten, nicht Glaubenssätze. Die Steinmetz-Zünfte sind die Wiege der modernen Freimaurerei, da sie ab dem 15. Jahrhundert neben den «operativen Maurern» in ihren Reihen nach und nach auch Männer aufnahmen, die keine Steinmetze waren und die man «spekulative Maurer» nannte. Das waren noch keine Intellektuellen, sondern Adlige. Es hat sich gezeigt, dass Personengruppen, die mit dem Templerorden verbunden waren, Familienbande und solidarische Beziehungen trotz der Verfolgung der Ordensmitglieder weiter aufrechterhalten wollten. Weder in Schottland noch in der schottischen Freimaurerei, die bereits im 15. Jahrhundert gut entwickelt war, entstand ein antiklerikaler Diskurs, es kam zu keiner radikalen, heidnischen, vom Islam oder dem Judentum inspirierten Neuinterpretation der christlichen Tradition.

Demgegenüber vollzog sich in der schottischen Freimaurerei die Synthese von frommem Christentum und teilweise häretischer Frömmigkeit in einem am Johannesevangelium orientierten «johanneischen» Glauben. Wie wir bereits festgestellt haben, fasste die johanneische Frömmigkeit noch im Mittelalter langsam Fuß und entfaltete sich in halb geheimen, diskreten Gesellschaften, namentlich in den Gilden der Steinmetze, die sich auf Johannes beriefen und ihn als einen der beiden Begründer der christlichen Lehre fast auf eine Stufe mit Jesus stellten. Die ursprüngliche johanneische Christologie des kalabrischen Mönchs und Propheten Joachim von Fiore, der im 13. Jahrhundert das Ende der Zeiten und die massenhafte Konversion zu einem von seinen Auswüchsen gereinigten Christentum verkündete, enthielt eine kaum verhohlene Kritik an der Kirche als Institution, doch nicht unbedingt an allen ihren Dogmen, denn zu jener Zeit wurden Texte selten schriftlich festgehalten. Hätten wir es allerdings mit einer theologisch-politischen Absicht zu tun, die Erzählung der Evangelien von Grund auf in Frage zu stellen, hätte es nach dem Templerprozess Prozesse zahlreiche weitere Prozesse geben müssen.

Erinnern wir uns, dass kurze Zeit später, zu Beginn des 15. Jahrhunderts, der große tschechische Reformator Jan Hus, den Luther als den eigentlichen Vorläufer der Reformation betrachtete, in Konstanz als Ketzer verbrannt wurde. Dabei gingen die Thesen von Jan Hus lange nicht so weit und waren bei weitem nicht so bilderstürmerisch wie der Roman, den uns Dan Brown und seine Vorgänger servieren. Sicher, es gab in der Renaissance Strömungen, die immer christenfeindlicher wurden oder die christliche Lehre neu begründeten, doch diese Strömungen waren überhaupt nicht esoterisch und bewahrten kein gefährliches Geheimwissen, das der Allgemeinheit nicht zuteil werden durfte. Die Vorstellung von einer Verschwörung der Templer, die mit dem angeblichen Überleben des Ordens einhergeht, ist nur die Umkehrung jener Theorie von einem satanischen Komplott, die Anfang des 19. Jahrhunderts Autoren wie Abbé Barruel in Umlauf brachten, auch wenn darin wohlwollend auf die Templerverschwörung verwiesen wird. Diese Autoren warfen den Philosophen der Aufklärung vor, die Französische Revolution verschuldet zu haben, und stilisierten die Verbannung der Jesuiten nach 1750 zum ersten Racheakt laizistischer Kräfte, die der Christenheit feindlich gegenüberstanden.

Der Templerorden war nie ein satanisches Komplott, und deshalb war er auch kein Auffangbecken für eine radikale antichristliche Doktrin. Dennoch bewegten sich die Templer in einem heterodoxen Umfeld, das die Entstehung von Geschichten oder Vorstellungen begünstigte, die – wir befinden uns im Mittelalter – eher dazu neigten, sich eine sagenhafte Vergangenheit zuzulegen, als mit der unmittelbaren Gegenwart vorlieb zu nehmen. Anders ausgedrückt: Fest steht, dass die Templer eine sozial außerordentlich wichtige Gruppierung waren, dass sie Legenden aus dem muslimischen Raum verbreiteten oder eine viel umfassendere Theologie vertraten, und dass sie nach dem Niedergang des Fürstentums Raimunds VII. von Toulouse heterodoxen Vorstellungen Zuflucht gaben.

Für diejenigen, die die Geschichte mystifizieren wollen, ist es von großem Nutzen, alle Fäden zu einer kohärenten Indizienkette zusammenzuführen. Wie wir jedoch wissen, ist die Geschichte nie ganz kohärent.

Es gab zwar den Templerorden. Und es gab eine besondere

Frömmigkeit der Templer oder vielmehr ein von der kirchlichen Lehre abweichendes Glaubensverständnis. Aber es gab keine Templersekte und schon gar keine Prieuré de Sion, die innerhalb des Templerordens und seit seiner Gründung diesen zu einer Streitmacht gegen die Kirche hätte entwickeln wollen. Das sind Mythen des 19. Jahrhunderts, die unter dem Vorwand einer Wiederbelebung des Templerordens und unter Berufung auf die nebulöse Mystik eines Wolfram von Eschenbach in der damaligen Zeit in Deutschland ein Heidentum oder Neo-Heidentum beförderten, das zu einer der Quellen wurde, aus der sich die Ideologie der Nationalsozialisten speiste.

Von Leonardo da Vinci zur «Rosenlinie»

Haben Leonardo da Vinci und mit ihm die großen Genies der Renaissance von Botticelli bis Michelangelo eine esoterische Tradition der Templer fortgeführt, wie es die Listen mit den «Großmeistern der Prieué de Sion» behaupten, die von Plantard und englischen Esoterikerkreisen stammen? Auch das klären wir am besten durch Dekonstruktion.

Das Mittelalter hat in seinen religiösen Krisen unbestreitbar zahlreiche Abweichler hervorgebracht. Doch diese fanden zu keiner in sich geschlossenen Form. Sie sind das Ergebnis sporadischer Auflehnungen gegen den Klerus, angefangen bei Abaelard im 12. Jahrhundert über Ramon Llull in Katalonien bis zu Jan Hus im Prag des späten 14. Jahrhunderts oder seinem Vorgänger, dem Oxforder Kanoniker Wyclif, dem ersten hebräischsprachigen Übersetzer der Bibel ins Englische. Sie sammelten Einwände, die in Polemiken und philosophische Reflexionen eingingen, aber es gab zu der Zeit keine aufeinander abgestimmten Entwicklungen. Erst mit Beginn des 16. Jahrhundert läutete diese verstreute Kritik gleichzeitig die Renaissance und die Reformation ein.

Doch wir sind hier weit entfernt von einer einheitlichen Doktrin, und es genügt, sich die Kommunikationsschwierigkeiten im Mittelalter vorzustellen – die lange Zeit, die Briefe unterwegs waren, die vollständige religiöse Kontrolle der Universitäten –, um einzusehen, dass eine solche Aufgabe den guten Willen von Einzelnen bei weitem überstieg.

Ist es vorstellbar, dass es religiöse Kräfte, Könige oder Herrscherhäuser gab, die den Abfall von der Kirche deckten? Das zu behaupten wäre vorschnell. Die Gedankenwelt, die im Mittelalter die Intellektuellen zu faszinieren begann, war die Alchemie, also die Fähigkeit, Medikamente herzustellen (darin ist die Alchemie eine echte Vorläuferin der Chemie), aber auch Liebestränke und – warum nicht? – das «Große Werk», die Transmutation von Metallen, an denen es im Mittelalter chronisch mangelte, bis im 16. Jahrhundert die großen Reichtümer Amerikas entdeckt wurden.

Dementsprechend hielten Könige und Fürsten schützend ihre Hand über die Alchemie. Im Umkreis der Alchemie entwickelten sich alle möglichen häretischen Vorstellungen. Deshalb machten sich die Freimaurer des 18. Jahrhunderts in der eklektischen Weise, wie sie alle früheren Formen des Widerstreits in sich aufnahmen, auch einige alchemistische Themen zu Eigen oder verwendeten gerne das Vokabular der Alchemie, um bestimmte Denkweisen und geistige Transmutationen zu beschreiben.

Ab dem 15. Jahrhundert erleben wir, wie häretische Vorstellungen zu einer Art kritischen Masse anwachsen. Diese heterodoxe kritische Masse stützt sich auf die von der Kirche am wenigsten kontrollierten Organisationen und entwickelt eine quasi unabhängige, volkstümliche Religiosität. Wir haben die Steinmetze genannt, die von Frankreich über England, Flandern und das Rheintal bis ins ferne Schottland in diesem Sinne tätig waren. Nicht zu vergessen die Zünfte in den italienischen Republiken, in denen Handwerker und – wie sie später hießen – Intellektuelle zusammentrafen: Dante zum Beispiel, der sein Leben lang nur gedichtet hat, war in Florenz Mitglied der Apothekerzunft, in der es viele Alchemisten gab. Diese antiklerikale Bewegung setzte in jenem unruhigen 15. Jahrhundert ein, dessen schrecklichen Höhepunkt für Frankreich der Hundertjährige Krieg bildete. In jener Epoche gewannen Erinnerungen an die Templer an Bedeutung, und man missbilligte die Verfolgung, der dieser große Ritterorden zum Opfer gefallen war.

Wie wir gesehen haben, waren die Kreise um Jeanne d'Arc stark von einer Templer-Nostalgie beeinflusst. Das Banner, das Jeanne d'Arc übernahm, ähnelte sehr dem Baussant, dem alten Banner der Templer. Die Lothringer Adelsfamilien, die die junge Bauerntochter früh unterstützten, hatten alle eine Verbindung zum ersten Kreuzzug, zur Gründung des Templerordens, zu Bernhard von Clairvaux, Hugues de Payns und dem Heer jener Abenteurer aus dem 12. Jahrhundert, die sich in diesem Orden sammelten. Darüber hinaus gehörten zum Kreis um Jeanne d'Arc auch Personen von intellektuellem Gewicht, wie René von Anjou, der «gute König René», der die Grafschaft Provence, deren rechtmäßiger Feudalherrscher er war, zum herausragenden Ort einer frühen Renaissance machen wollte, und unter dem sich dieser Teil Südfrankreichs zu einem potentiellen Rivalen der Toskana und des Königreichs Neapel entwickelte. René von Anjou ist bekannt dafür, dass er stets die Alchemie, die Juden und die Schüler des geheimnisvollen Nicolas Flamel förderte.

Auf der entgegengesetzten, sehr viel dunkleren Seite des mittelalterlichen Okkultismus stand ein anderer Gefährte von Jeanne d'Arc, Gilles de Rais, der berühmte Serienmörder, der zum Vorbild für Charles Perraults Blaubart wurde. Zwischen dem Kindermörder Gilles de Rais und dem Anhänger der weißen Magie René von Anjou gab es eine Heerschar von Esoterikern, die sich besonders um die Jungfrau von Orléans sammelten.

Ist es Zufall, dass ausgerechnet in dieser Zeit der Mythos vom «Rosenlinien-Meridian» aufkommt? Der Name der schottischen Rosslyn Chapel wird in Dan Browns Roman als Übersetzung davon ausgegeben – eine rote oder rosafarbene Linie, die «roseline», die Paris mit Rennes-le-Château verbindet und durch Bourges verläuft, wo Jeanne d'Arc mit Kronprinz Karl VII. zusammentraf. Die Hauptstadt Frankreichs ist auch die Hauptstadt der Alchemisten, und Bourges, die Geburtsstadt von Jacques Cœur, einem königlichen Rat und Finanzier Karls VII., war ein weiteres Zentrum der Alchemie. Diese «Rosenlinie» wurde später der Meridian von Paris, der Konkurrent des Meridians von Greenwich. Der eine wie der andere wurde durch ein großes Bauwerk festgelegt, das von den Rosenkreuzern beeinflusst war: Im Fall von Paris ist es Saint-Sulpice, im zweiten Fall das Royal Greenwich Observatory im Londoner Stadtteil Greenwich.

In Italien aber herrschte zu der Zeit ein Klima, das die Heterodoxie bei Leonardo da Vinci und seinen Nacheiferern regelrecht aufblühen ließ. Die politische Freiheit, die aus der Pluralität der italienischen Republiken erwachsen war, die Schätze der griechischen Literatur und Philosophie, die aus dem untergehenden byzantinischen Kaiserreich über die Handelsrepubliken Genua, Pisa und Venedig ins Land kamen, die anschwellende Flut von Übersetzungen aus dem Griechischen und bald auch aus dem Hebräischen, all das beschleunigte die Emanzipation vom Dogma. Dabei war diese Strömung nicht unbedingt esoterisch. Aber sie ließ die Esoterik wieder erstarken, denn gegenüber der religiösen Macht versuchten die Humanisten, wie man sie später nannte, nachdem sie sich auf spektakuläre Weise in Kunst und Philosophie durchgesetzt hatten, sich zusammenzuschließen und Gesellschaften zum intellektuellen Austausch zu bilden.

Dabei handelte es sich stets um Gesellschaften, die halb im Geheimen oder hinter einer harmlosen Fassade zusammentraten – wie die Akademien, deren erste, die *Accademia dei Lincei* (Akademie der Luchse), 1603 in Rom im Umkreis der Medici gegründet wurde. Diese Akademien hatten ein «inneres Gesicht», das Eingeweihten vorbehalten blieb und das wie ein leitendes Metall bei der Übermittlung einer Reihe von Traditionen wirkte. Zweifelsohne teilte Leonardo da Vinci das johanneische Denken eines Joachim von Fiore. Es bedingte, dass man mit Leib und Seele dem Anfang des Johannesevangeliums zustimmte – «Am Anfang war das Wort …» –, das heißt, einer okkulten Philosophie, in der das Wort Gottes allem Sein, das der allgemeinen Verständlichkeit entging, einen Rhythmus und eine Struktur einhauchte.

Die «christliche Kabbalistik», die aus Spanien nach Italien gelangt war, fand allmählich Anhänger, die die Idee einer absoluten mathematischen Struktur des Universums stützten, nach der unsere Welt durch Vernunft begreifbar sei. In diesem Umfeld erlebte die geometrische Perspektive ihre Wiederauferstehung, also der Aufbau eines Bildes nach mathematischen Gesetzmäßigkeiten, die dem Plan Gottes entsprechen sollten.

Die Malerei Leonardo da Vincis drückt die Gesamtheit dieser Auffassungen deutlich aus. Mit ihr geht ein auf die Zukunft gerichteter Erfindungsgeist einher, jene erschütternde Vision von Kanonen, Maschinengewehren, Hubschraubern, Maschinen aller Art, die wie zahllose andere Apparate dazu entworfen wurden, um die alte Welt in die Luft zu sprengen.

Dass Leonardo da Vinci unter diesen Umständen auch in religiöse Geheimnisse eingeweiht war, die nur von Mund zu Mund weitergegeben wurden, ist durchaus möglich. Die meisten davon haben aber keinen Bezug zum Templerorden, auch wenn einige englische Esoteriker im 20. Jahrhundert das Gegenteil meinten, was zwei Publizisten, Lynn Picknett und Clive Prince, zu mehreren Veröffentlichungen anregte, in denen sie behaupten, Leonardo da Vinci habe Geheimzirkeln angehört, die von den Templern inspiriert waren. Es wäre allerdings sehr erstaunlich, wenn es solche Kreise in Italien gegeben hätte, wo der Templerorden selbst in seiner Blütezeit nur schwach vertreten war, wenngleich René von Anjou, der auch König von Neapel war, jene italienischen Alchemisten und neapolitanischen Rabbiner hätte schützen können, die Abbé Montfaucon de Villars unvorsichtigerweise erwähnte. Diese Autoren behaupten zudem, das Grabtuch von Turin sei von Leonardo da Vinci bearbeitet worden, damit mittels einer Langzeitbelichtung das Gesicht Christi darauf sichtbar würde, was durchaus möglich ist. Doch die beiden behaupten darüber hinaus, dass es sich nicht um das Grabtuch Christi, sondern um das Grabtuch Jacques de Molays handele, das über Generationen hinweg von verborgenen Tempelrittern oder deren Sympathisanten weitergegeben worden sei, bis es in die Hände des großen Genies der italienischen Renaissance gelangte … Eine fadenscheinige Konstruktion.

Und wie steht es um Maria Magdalena, die Leonardo da Vinci insgeheim im *Abendmahl* dargestellt haben soll? Richtig ist, dass Maria Magdalena von den Templern verehrt wurde, nicht anders als von ihren äußerst orthodoxen Rivalen im

Heiligen Land, den Hospitalitern. Das hing mit der Rehabilitierung der Frau zusammen, die in der Vorstellung von der höfischen Liebe zum Ausdruck kam und sich in Deutschland im Mythos von Tristan und Isolde niederschlug.

Bei genauerer Betrachtung wird man im Mittelalter zahlreiche Persönlichkeiten finden, die einen Kult um Maria Magdalena betrieben, deren orthodoxer Glaube aber nie in Zweifel gezogen wurde, allen voran Franz von Assisi. Viel wahrscheinlicher ist, dass Leonardo da Vinci in Florenz in esoterischen Kreisen verkehrte, die das christliche Dogma teilweise in Frage stellten, zumindest in einigen wesentlichen Punkten, etwa das Dogma von der Göttlichkeit Jesu, der historischen Wirklichkeit seiner Kreuzigung und seiner Familie.

Theorien über eine Ehe von Jesus mit Maria Magdalena kamen erst im 19. und 20. Jahrhundert auf, insbesondere bei französischen Okkultisten wie Robert Ambelain, in Kreisen, die zweifellos von den Ideen Auguste Comtes und der auf ihren Höhepunkt angelangten französischen Romantik geprägt waren. In Vergessenheit geraten ist offenbar, dass der Vater des Positivismus gegen Ende seines Lebens in einer Art ekstatischer Verehrung seiner Ehefrau Clotilde de Vaux auf die Forderung verfiel, man möge nach dem Beispiel des Kults einer antiken Göttin einen Kult um seine Gattin schaffen. In ihrer uneingeschränkten Bewunderung für Auguste Comte hatten brasilianische Militärs daher ganz diskret einen Kult um Clotilde de Vaux als modernes Pendant zum Kult um Maria Magdalena auf die Beine gestellt. Doch wer wollte hier einen Einfluss der Templer geltend machen?

In einer Zeit extremer Orientierungslosigkeit wie dem 19. Jahrhundert vergnügte man sich damit, eine einheitliche Doktrin aufzustellen, wo zuvor viele widersprüchliche Vorstellungen herrschten. Der Gedanke, Leonardo da Vinci, der in einem ungläubigen Umfeld, nämlich in dem der ersten Akademien Italiens aufwuchs, sei durch Relikte der Templer beeinflusst gewesen, ist abwegig. Hier handelt es sich um eine armselige, erst in jüngerer Zeit aufgekommene Konstruktion.

Dagegen trifft es vollkommen zu, dass sich die italienischen Akademien ausgebreitet haben, dass diese wissenschaftlich sehr fruchtbare Bewegung eineinhalb Jahrhunderte dauerte und den Grundstein für andere Bewegungen legte, die für die Geistesgeschichte des modernen Europas maßgeblich waren. Die eigentliche Kontinuität führt von den italienischen Akademien zur Rosenkreuzerbewegung, wie die britische Historikerin Frances Yates gezeigt hat. Die Reformation präsentierte sich als eine Bewegung des radikalen Umsturzes der religiösen Ordnung, und sie enttäuschte. Zuerst enttäuschte sie zahllose reformierte Intellektuelle, die zwar überzeugte Humanisten blieben, bei Luther und Calvin aber nur die dauerhafte Zementierung eines neuen Dogmas erblickten, das sich dem katholischen Dogma entgegenstellte und sich zugleich dieselbe Ablehnung des Dialogs und dieselbe Intoleranz zu Eigen machte.

Je schlimmer die Religionskriege wurden, desto deutlicher bildete sich eine Art theologisch-politische Partei der Mitte heraus, die in Frankreich sogar den Namen «parti des politiques» (Partei der Politischen) trug, zu der in Frankreich Persönlichkeiten wie Montaigne, Jean Baudin und Michel de l'Hôpital gehörten, in England der Mathematiker und Mystiker John Dee und das Umfeld von Shakespeare, außerdem Kaiser Rudolf von Habsburg und sein Hof in Prag, eine Vielzahl von Alchemisten, venezianische Humanisten im Umkreis von Veronese, zahlreiche christliche Kabbalisten in den italienischen Akademien und auch viele Maler. Diese humanistischen Gruppierungen gehörten alle Geheimgesellschaften an, die gezwungenermaßen anfingen zusammenzuarbeiten unter Verhältnissen, die von der Verbindung der spanischen Habsburger mit der sich ausbreitenden Gegenreformation bestimmt waren. Der große Giordano Bruno, der 1600 auf dem Campo dei Fiori in Rom verbrannt wurde, war bekanntermaßen ein politischer Agent der englischen Königin Elisabeth I. und nacheinander der französischen Könige Heinrich III. und Heinrich IV. Er musste für seine philosophische Kühnheit, aber auch für sein politisches Engagement büßen und hatte aus verständlichen Gründen Spanien und die römische Inquisition auf den Fersen. Und er war einer der bedeutendsten Begründer der Rosenkreuzer.

Diese Bewegungen vereinten sich nach und nach. Sie waren sich einig in der Anerkennung des jüdischen Erbes, der christlichen Kabbalistik, dem Anspruch auf Toleranz sowie der Bereitschaft, die Beziehungen zwischen Individuum und Staat neu zu gestalten: Es war die Rückkehr der republikanischen Idee, selbst eng verbunden mit der Renaissance und der Rehabilitierung der griechischen Polis. Dieses Bündel von Doktrinen trat nun unter dem Namen der Rosenkreuzer hervor.

Das Ende des Mythos von Rennes-le-Château

Es gibt eine eindeutige Rosenkreuzer-Literatur. Zu ihr gehören die Schriften *Chymische Hochzeit Christiani Rosencreutz Anno 1459* (von 1616) oder auch die *Fama fraternitatis Roseae Crucis oder Die Bruderschaft des Ordens der Rosenkreuzer* (von 1614). Ihr Verfasser war der Pfarrer Johann Valentin Andreae. Diese kurzen, aber grundlegenden Werke helfen uns nicht weiter beim Verständnis des Phänomens, das uns beschäftigt, denn die Rosenkreuzer sind eine ziemlich heterogene Vereinigung. Der sagenumwobene Christian Rosenkreutz hatte einhundertzwanzig Jahre in einer Art Dornröschenschlaf gelegen, bevor er seinen Anhängern 1604 wiedererschien. Wir haben es hier mit einer Anspielung auf die Tempelritter und sicher auch auf die Abkehr des Ordens von der reinen Lehre der Kirche zu tun. Das war in verschiedenen Kreisen des ausgehenden Mittelalters mit der Zeit zu einem mythischen Thema geworden.

Es ist nicht ausgeschlossen, dass es lose Verbindungen zu den Templern gab, die sich möglicherweise im Deutschland der Minnesänger und der Erben Wolfram von Eschenbachs um die Figur des Christian Rosenkreutz geschart haben. Dies kann aber nicht die einzige Verbindung gewesen sein, denn sie bietet keine ausreichende Erklärung dafür, dass auch in Italien, England und Frankreich große Gruppen von Rosenkreuzern in Erscheinung traten. Die einen wie die anderen bemühten sich, den Dialog zwischen moderaten Katholiken, moderaten Protestanten und Deisten aufrechtzuerhalten, um auf den Ruinen der Religionskriege ein mystisches und zugleich rationalistisches Denken zu errichten, das die intellektuellen Eliten Europas zu einer vom Dogma und seinen grausamen Folgen befreiten Menschheit führen sollte.

Aus diesem Grund ist es den Rosenkreuzern gelungen, Persönlichkeiten und Lehren in ihrer Bewegung zusammenzubringen, die insgesamt nicht unbedingt miteinander vereinbar waren. Diese heroische Anstrengung der Rosenkreuzer findet man ein Jahrhundert später, ab 1717 und auf Initiative des «Invisible College» hin, beim Aufbau der klassischen Freimaurerei wieder. Auch diese Verbindung hat Frances Yates hergestellt: Aus dem «Invisible College», der jüngsten Version der britischen Rosenkreuzer, entstand die Royal Society, die britische Akademie, in der sich so bedeutende Persönlichkeiten wie Christopher Wren, der Architekt der Saint Paul's Cathedral, Isaak Newton, Robert Boyle und eine Reihe von Humanisten und sogar Alchemisten wie Elias Ashmole aus Oxford und andere illustre Persönlichkeiten sammelten. Sie alle verkehrten in geheimen Zirkeln, die sich nach außen hin als wissenschaftlich darstellten, im Kern jedoch esoterisch und alchemistisch orientiert waren.

Nach der Gründung der Royal Society war das «Invisible

College» nicht mehr «unsichtbar», und wenig später ging aus dieser Royal Society, ohne dass ihre Mitglieder offiziell daran mitgewirkt hätten, eine neue Freimaurerloge hervor, die nach dem Neubau der Saint Paul's Cathedral ihr verstecktes Dasein aufgab und an die Öffentlichkeit trat. Wir schreiben das Jahr 1717, ein Wendepunkt in der Geschichte der Geheimgesellschaften. Von nun an waren sie im Grunde keine Geheimgesellschaften mehr, denn obgleich die Freimaurerlogen gerne als «Geheimgesellschaften» bezeichnet werden, bestand ihr historisches Verdienst und ihr grundlegender Charakter doch gerade darin, dass sie aus dem Schatten des Komplotts heraustraten, um in einer neuen Atmosphäre der Toleranz für die Aufklärung zu werben.

Doch zuvor gab es überall in Europa die Rosenkreuzer. In Frankreich setzten sie im Wesentlichen auf eine liberale Richtung des französischen Katholizismus, den frühen Jansenismus. Der französische Calvinismus war sich damals der Richtigkeit seiner Überzeugungen viel zu sicher, um sich von der Vieldeutigkeit dieser neuen Geheimgesellschaft mitreißen zu lassen.

Ganz anders die gemäßigte katholische Partei, deren höchster Repräsentant auf einer rein politischen Ebene Kardinal Richelieu war. Was wollte diese Partei? In der Hauptsache die Abkehr der katholischen Kirche vom Heiligenkult, von der kirchlichen Hierarchie und von der historischen Tradition, wie sie auf dem Konzil von Trient neu bestimmt worden war. Und sie wollte nichts wissen von religiöser Unterordnung unter den Papst, vom Ultramontanismus, von politischer Unterordnung unter die Ziele des Hauses Habsburg und auch nichts vom Dogma der Jesuiten, das Freiheit und Seelenheil durch gute Werke versprach und den Katholizismus in die Nähe eines lateinischen Neuheidentums rückte.

Den Jansenismus vertraten Pascal, Racine, La Rochefoucauld. Er stellt eine der wichtigsten literarischen und intellektuellen Episoden der französischen Geschichte dar. Jansenisten waren es, die den ständigen Dialog mit anderen Zweigen der Rosenkreuzerbewegung suchten, gleich ob sie Protestanten oder Katholiken waren. Dies galt besonders für Italien, wo Nicolas Poussin im Zentrum esoterischer Aktivitäten stand.

Von dort, und nur von dort, breitete sich die Legende von Rennes-le-Château und seinen Geheimnissen aus, und zwar ausgehend von wichtigen Persönlichkeiten bei den Jansenisten und Rosenkreuzern wie Nicolas Pavillon, der zusammen mit seinem Freund Jean-Jacques Olier einer der bedeutendsten spirituellen Erben Vincent de Pauls und einer der Gründerväter jenes großen religiösen Aufschwungs war, der zum Bau der Kirche von Saint-Sulpice führte. Pavillon war der erste, der die vergessenen Gegenden im Languedoc kreuz und quer durchstreifte, während Jean-Jacques Olier die ursprüngliche esoterische Ausschmückung von Saint-Sulpice veranlasste. Diese beiden Männer oder ihnen nahestehende Personen waren es auch, die Nicolas Poussin beauftragt hatten, *Die Hirten von Arkadien* zu malen.

Wodurch haben die Rosenkreuzer vom Geheimnis von Rennes-le-Château oder zumindest von einigen der Geheimnisse und Rätsel um diesen Ort erfahren? Diese Frage ist bis heute nicht wirklich beantwortet. Man kann sich allenfalls vorstellen, dass mit der Ausrichtung von Saint-Sulpice auf Rennes-le-Château durch die «Rosenlinie» und mit der Festlegung des Meridians von Paris durch Cassini historische Fakten von esoterischem Charakter geschaffen wurden, die französische Freidenkerzirkel mit einer alten Tradition verbanden, nach der Gräber und Schätze darauf hindeuteten, dass über Frankreich ein besonderer Segen liege. Hier zeigte Abbé Montfaucon de Villars, der Neffe Pavillons, eine Übermittlungskette auf, die von den großen okzitanischen Adelsfamilien, den Bewahrern des Geheimnisses, bis zu René von Anjou und sogar bis zu Nicolas Flamel reicht.

Möglicherweise glaubten Nicolas Pavillon und seine Freunde, das Vermächtnis des Jerusalemer Tempels liege unter ihren Füßen. Denkbar ist auch, dass in gewissen feudalen Häusern, die von Guilhem de Gellone abstammten, die Kunde weitergegeben wurde, es gebe Schätze, die das «karolingische jüdische Königreich» an verschiedenen Orten in Frankreich hinterlassen habe und auf die das Werk des Alchemisten Nicolas Flamel mit seinen direkten Anspielungen auf die Gestalt des Juden Abraham einen wertvollen Hinweis gebe. Wie wir gesehen haben, gibt es eine erstaunliche Deckungsgleichheit zwischen Mythen aus der Normandie und Mythen aus dem Aude mit ständigen Überlagerungen von Gisors und Rennes-le-Château, Rouen und Narbonne. Nachweislich erwähnt wurde ein König der Juden zwei Mal, zuerst im Zusammenhang mit dem Aude und Narbonne unter Karl dem Großen und anschließend im 12. Jahrhundert in Verbindung mit Rouen und der Normandie, die damals unter der Schutzherrschaft des Hauses Plantagenêt stand, also der englischen Könige.

Danach war nie mehr die Rede von einem König der Juden, und es sollte bis zum 20. Jahrhundert dauern, bis archäologische Grabungen in Rouen Reste einer Synagogenanlage größeren Umfangs ans Tageslicht brachten.

Die Adelsfamilien mit jüdischen Wurzeln oder aus dem Umkreis von Guilhem de Gellone kannten weder das Geheimnis von Jesus noch die Geheimnisse, die der Templerorden der Begegnung mit dem Islam verdankte, sondern eher eine Überlieferung, nach der an diesen beiden Orten bedeutende Schätze vergraben waren, die im Zusammenhang mit der Amtswürde des Königs der Juden standen. Diese bedeutenden Schätze müssen die Schätze Guilhem de Gellones gewesen sein. Und sollte Guilhem de Gellone selbst nach einem Schatz gesucht haben, kann dies nur der Schatz aus dem Tempel von Jerusalem gewesen sein.

So entstand bei den Rosenkreuzern die Legende von einem Tempel von Jerusalem, der in die Ferne ausstrahlte und seine Spuren in Frankreich hinterließ. Jetzt tauchte ein Mann auf, Nicolas Pavillon, der die verstreuten Fäden des Geheimnisses einschließlich der «Rosenlinie» nahezu allein zusammenführte, um daraus den Stoff einer esoterischen Erzählung zu weben. England steuerte Newton bei, Frankreich den Schatz von Rennes-le-Château.

Der Schatz bot Gelegenheit, an einer Mythologie zu stricken, die ganz im Sinne des 17. Jahrhunderts war. Dieser Mythologie werden zwei großartige Gemälde von Delacroix zugerechnet, die einen der Schlüssel zur Aufklärung des Geheimnisses darstellen.

Beide Gemälde, die übrigens in der Kirche von Saint-Sulpice in der Chapelle des Saintes-Anges hängen, greifen Motive aus dem Alten Testament auf. Das erste, das aufgrund seiner fast barocken Komposition ziemlich spektakulär wirkt, ist wenig kommentiert. Es handelt sich um *Die Vertreibung Heliodors* aus dem Tempel (von 1857). Geschildert wird die Geschichte Heliodors, des Hohepriesters des Jerusalemer Tempels, der mit dem König des Seleukidenreichs, Antiochos III., verbündet war und von den Anhängern der Makkabäer, die gegen die erzwungene Hellenisierung aufstanden, aus dem Tempel verjagt wurde. Thema ist recht klar die Wiedereinrichtung eines gereinigten Kults im Tempel von Jerusalem, nach den heidnischen Abirrungen, die den Kult verkehrt hatten. Die Spitze gegen das Papsttum ist deutlich zu erkennen, das Gemälde kündigt den Triumph eines wahrhaften Christentums an, einer von Idolatrie gereinigten Religion, und damit den Sieg des Jansenismus von Saint-Sulpice über den Glaubensverfall von Rom. Doch es ist nicht unbedingt das Gelungenere der beiden Gemälde, mit denen Delacroix beauftragt worden war.

Das andere, *Jakob ringt mit dem Engel* (1855–1861), ist ein unerreichtes Meisterwerk. Was symbolisiert dieser Kampf, den Delacroix hier verewigen wollte? Wahrscheinlich den Kampf der denkenden Menschheit gegen eine göttliche Wahrheit, die sich mal mitteilt, mal verbirgt, und mit der man fortwährend ringt. Es ist vielleicht das folgenschwerste Vermächtnis der Rosenkreuzer, das heroische Bekenntnis jener Gesellschaft von Denkern aus der klassischen Epoche, die in der großen Strömung der modernen Freimaurerei und des zeitgenössischen Laizismus ihre Nachfolger fanden.

Dieses Augenzwinkern von Delacroix wird uns weiter herausfordern, viel mehr als der Gnomon, der astronomische Uhrzeiger, der mitten in der Kirche von Saint-Sulpice auf dem Null-Meridian von Paris errichtet ist und das Zentrum der Alchemisten in Bourges in gerader Linie mit Rennes-le-Château und dem katalanischen Montserrat verbindet.

Aber liegt darin auch ein allegorischer Hinweis auf die Idee der Menschlichkeit von Jesus und Maria Magdalena? Nichts erlaubt diesen Gedanken. Eher geht es darum, Frankreich als Retter des Tempels von Jerusalem zu bestätigen und mit der Wiedererrichtung des Tempels durch eine neue Menschheit in Verbindung zu bringen, die aus einer seit Jahrhunderten vorgetragenen, radikalen Kritik hervorgehen und das Christentum aus seinen Sackgassen herausführen würde. Das Ziel, ein neues, wahrhaftiges römisches und katholisches Christentum zu schaffen, konnte in jener Epoche nur durch die lange Vorarbeit der Geheimgesellschaften verfolgt werden.

Doch das hehre Unterfangen war gefährdet. Nicht mehr durch die katholische Intoleranz oder das protestantische Dogma und ihre Scheiterhaufen, sondern durch die Aufklärung. Der radikale Zweifel an allen Dogmen, der sich vom 18. ins 19. Jahrhundert und vom 19. ins 20. Jahrhundert fortsetzte, fegte auf seinem Weg alle spirituellen Überbleibsel der Schatzlegende hinweg.

In den Schlupfwinkeln der Freimaurerei, die dem allzu blendenden Licht der Aufklärung widerstand, in der dunklen und unübersichtlichen Welt einer spirituellen und christlich geprägten Freimaurerei, entstand durch die Weitergabe der Obsessionen der *Compagnie de Saint-Sulpice* im Gewand der Gelehrtheit ein neues esoterisches Denken, das wiederum ein neues Interesse an Nicolas Pavillon und seinem unvollendeten Vorhaben weckte. Nachdem der Sturm der Revolution über alles hinweggegangen war, trug Charles Nodier, der Bibliothekar an der Bibliothèque de l'Arsenal, die Dokumente dieser Überlieferung zusammen, und genau hier beginnt die eigentliche Affäre um Rennes-le-Château.

Niemand weiß, ob irgendwo in Rennes-le-Château ein Schatz verborgen ist oder etwas weiter entfernt am Fuß des Pic Bugarach, in Rennes-les-Bains oder auch an einem anderen Ort im Aude wie Périllos, das kürzlich erst in Betracht gezogen wurde. Und wahrscheinlich hat es nie jemand gewusst.

Bérenger Saunière, ein Abenteurer ganz nach dem Geschmack des 19. Jahrhunderts, hatte sich mit Hilfe seiner Vorgänger und Altvorderen Boudet und Gélis sehr gründlich mit der Sache befasst. Geschickt, wie er war, hatte Saunière es geschafft, dass alle Geheimgesellschaften um sein Feuer tanzten. Im Grunde vollbrachten die guten Totengeister Saunières dasselbe Wunderwerk, diesmal unterstützt von britischen und französischen Schriftstellern: Sie verbreiteten weiter Legenden, und in jener abgelegenen Ortschaft in den Corbières gibt es ja tatsächlich ein wunderbares, monumentales Bauwerk, dessen Finanzierung bis heute nicht nachvollziehbar ist. Ältere Versionen der Schatzgeschichte kursierten schon sehr früh und schlugen sich in der einen oder anderen allegorischen Anspielung bei Jules Verne nieder. Wir können hier *in vitro* beobachten, wie ein Mythos beginnt, sich eine Erzählung nach der anderen einverleibt, zur Lawine wird und immer größere Ausmaße annimmt.

Zum Schluss sei mir noch eine Bemerkung gestattet: Das Wichtigste an einer Mythologie ist nicht ihr Ursprung, sondern ihr Erfolg, die Macht der sozialen, intellektuellen und affektiven Kräfte, die diese Mythologie tragen.

Heute gibt es im Abendland den Willen, sich wieder auf die eigenen Traditionen zu besinnen, sie anders zu verstehen und nach dem Ende eines dogmatischen Christentums eine Religion des Herzens und des Verstands neu zu entdecken. Deren Spuren werden in der Geschichte gesucht, die nun deutlich anders und neu interpretiert wird.

Diese Bewegung ist noch lange nicht abgeschlossen. Der Erfolg von Dan Brown ist nur ein hundertfach vergrößerter Hinweis auf das verbreitete Bedürfnis, die Geschichte neu zu schreiben. Aber sein Buch zwingt uns, zwischen Geschichte und Traum zu trennen, zwischen Vernunft und Fantasterei. Doch der Skeptizismus gegenüber allem und jedem hat, soviel sei gesagt, nicht immer Recht. Und die Geschichte jener verborgenen geistigen Bewegung, die auch wir halb bewusst durchlaufen und die eines Tages begriffen, erklärt, hinterfragt und fortgeführt werden muss, ist noch nicht geschrieben.

Carcassonne
Trèbes
Fanjeaux
Cavanac
Aude
Villefloure
Mirepoix
Aude
Lauque
Limoux
Clermont-
sur-Lauquet
Chalabre
Alet
(Electum)
Orbieu
Aude
Coustaussa
Puivert
Espéraza
Arques
Bélesta
Rennes-le-Château
Rennes-les-Bains
Quillan
Le Bézu
1230
Pic Bugarach
Calais
Amiens
Rouen
Honfleur
Paris
Ile-
Fra
Orléa
Angers
Nantes
Anjou
Tours
Loire
Bourg
Vouillé
Poitiers
Atlantischer
Ozean
La Rochelle
POITOU-
CHARENTES
Razès
Limoges
N
W
O
S
Bordeaux
O K Z I
AQUITANIEN
Garonne
Toulo
Ariège
Carcasson
Ariège
Foix
Montségur
Cous
SPANIEN
Pyrenäen
ANDORRA
0
50
100
150
200 km

Alexandre Adler
Das Geheimnis der Templer
Köln
Brüssel
BELGIEN
Lüttich
Rhein
Frankfurt
LUXEMBURG
Luxemburg
DEUTSCHLAND
Reims
LOTHRINGEN
CHAMPAGNE
Nancy
Straßburg
Sion-de-Vaudémont
Mosel
ELSASS
Hügel von Sion
Colmar
Basel
Dijon
FRANCHE-COMTÉ
BURGUND
ÖSTERREICH
SCHWEIZ
Genf
Clermont-Ferrand
Lyon
SAVOYEN
Vienne
Mailand
Isère
Grenoble
Rhône
ITALIEN
Genua
Gard
Orange
Gard
Hérault
Avignon
Hérault
Nîmes
Nizza
Salon-de-Provence
Arles
Montpellier
La Sainte-Baume
Marseille
Saint-Tropez
Les Saintes-Maries-de-la-Mer
Toulon
Bastia
Mittelmeer
Korsika

Literatur

Im Folgenden habe ich eine keineswegs erschöpfende Bibliographie zusammengestellt, in der historische Standardwerke neben bisweilen weit weniger seriösen Schriften stehen. Dabei lasse ich die von mir erwähnten, mehr oder weniger bekannten literarischen Werke außer Acht, die überall erhältlich sind. Zudem finden sich im Internet zahlreiche Informationsseiten, besonders zu Maria Magdalena, die man sich ansehen sollte, weil die dort vertretenen Hypothesen in bemerkenswerter Weise zwischen historischer Forschung und blühender Fantasie schwanken und weil sie eine große Leidenschaft für ihren Gegenstand bezeugen.

AMBELAIN, ROBERT: Jésus ou le mortel secret des Templiers, Paris 1970.

BAIGENT, MICHEL (MIT RICHARD LEIGH UND HENRY LINCOLN): Der heilige Gral und seine Erben: Ursprung und Gegenwart eines geheimen Ordens, sein Wissen und seine Macht, übers. v. Hans Eric Hausner, Bergisch Gladbach 1987.

BARBER, MALCOLM: Die Templer: Geschichte und Mythos, übers. v. Harald Ehrhardt, Düsseldorf 2005.

BEDU, JEAN-JACQUES: Rennes-le-Château: autopsie d'un mythe, Portet-sur-Garonne 2002.

BORDONOVE, GEORGES: Les Templiers, Paris 1977.

BOUDET, HENRI: La vraie langue celtique et le Cromleck de Rennes-les-Bains, Paris 2006 (Faksimile der Ausgabe Carcassonne 1886).

CARMONA, MICHEL: La France de Richelieu, Paris 1984.

CHAUMEIL, JEAN-LUC: Le trésor des Templiers et son royal secret, Paris 1994.

CHEVALLIER, PIERRE: Histoire de la franc-maçonnerie française, 3 Bde., Paris 1974–75.

–: Louis XIII., roi cornélien, Paris 1979.

CONTRUCCI, JEAN: Emma Calvé: la diva du siècle, Paris 1989.

DAFFOS, PIERRE: Rennes-le-Château, le secret dérobé, Paris 2005.

DELPOUX, CHARLES: «Les comtes de Toulouse et le catharisme», in: Cahiers d'études cathares, Narbonne 1980.

DELUMEAU, JEAN: Naissance et affirmation de la Réforme, 10. Aufl. Paris 2003.

DESCADEILLAS, RENÉ: Mythologie du trésor de Rennes: histoire véritable de l'abbé Saunière, curé de Rennes-le-Château, Carcassonne 1988.

DUBY, GEORGES/ROBERT MANDROU, Histoire de la civilisation française, 2 Bde., Paris 1968 ff.

ETCHEGOIN, MAIRE-FRANCE/FRÉDÉRIC LENOIR: Das Geheimnis des Da-Vinci-Code: Geheimbünde, Verschwörungen, codierte Gemälde und die wahren Schauplätze in Dan Browns «Sakrileg», übers. v. Reiner Pfleiderer, München 2006.

FAVIER, JEAN: Philippe le Bel, Paris 1978.

–: La Guerre de Cent ans, Paris 1980.

–: Les Plantagenêts: origines et destin d'un empire: XIe-XIVe siècles, Paris 2004.

FERTÉ, PATRICK: Arsène Lupin, supérieur inconnu: arcanes, filigranes et cryptogrammes, la clé de l'œuvre codée de Maurice Leblanc, Paris 2004.

FOURNIER, GABRIEL: Les Mérovingiens, Paris 1978.

GALTIER, GÉRARD: Maçonnerie égyptienne, Rose-Croix et Néo-chevalerie: les fils de Cagliostro, Paris 1989.

GUILLEMIN, HENRI: Jeanne, dite «Jeanne d'Arc», Paris 1977.

KAUFFMANN, JEAN-PAUL: La lutte avec l'ange, Paris 2001.

LAMY, MICHEL: Jules Verne, initié et initiateur: La clé du secret de Rennes-le-Château et le trésor des rois de France, Paris 1984.

–: Jeanne d'arc: Histoire vraie et genèse d'un mythe, Paris 1987.

–: Les Templiers: Ces grands seigneurs aux blancs manteaux, Bordeaux 1997.

LE FORESTIER, RENÉ: Die templerische und okkultistische Freimaurerei im 18. und 19. Jahrhundert, 4 Bde., hrsg. v. Alain Durocher, Übers. nicht genannt, Leimen 1987-1992.

MARIE, FRANCK: Le surprenant message de Jules Verne, Paris 1982.

MANDROU, ROBERT: Louis XIV en son temps, Paris 1978.

NIEL, FERNAND: Albigeois et Cathares, Paris 1994.

PICKNETT, LYNN/PRINCE CLIVE: The Templar Revelation: Secret Guardians of the True Identity of Christ, London 1998.

PUECH, HENRIE-CHARLES: En quête de la gnose, 2 Bde., Paris 1978.

–: Histoire des religions, 3 Bde., hrsg. v. H.-C. Puech, Paris 1999–2000.

ROBIN, JEAN: Opération Orth ou l'incroyable secret de Rennes-le-Château, Paris 1989.

–: Rennes-le-Château, la colline envoûtée, Paris 1982.

SÈDE, GÉRARD (DE): Rennes-le-Château, Paris 1988.

–: Die Templer sind unter uns oder Das Rätsel von Gisors, übers. v. Liselotte Julius, Berlin 1963.

SIMON, CLAUDE: Orion aveugle, Genf 1970.

THIBAUX, JEAN-MICHEL: Das Geheimnis des Abbé Saunière. Historischer Roman, übers. v. Margrit von Dach, Bergisch Gladbach 1986.

THUILLIER, JACQUES: Nicolas Poussin, Paris 1988.

YATES, FRANCES: Giordano Bruno in der englischen Renaissance, übers. v. Peter Krumme, Berlin 1989.

–: Lull and Bruno: Collected Essays, London 1982.

–: Aufklärung im Zeichen des Rosenkreuzes, übers. v. Eva Zahn, Stuttgart 1975.

ZERNER-CHARDAVOINE, MONIQUE: La croisade albingeoise, Paris 1979.

ZUCKERMAN, ARTHUR J.: A Jewish Princedom in Feudal France, 768–900, New York 1972.

Personenregister